（第1辑）

智库评论
THINK TANK REVIEW
(Vol.1)

主编　谢曙光
副主编　蔡继辉　史晓琳

社会科学文献出版社
SOCIAL SCIENCES ACADEMIC PRESS (CHINA)

《智库评论》编辑委员会

主　任
　　谢寿光：社会科学文献出版社社长、皮书研究院院长
委　员（按姓氏拼音顺序排列）
　　冯仲平：中国现代国际关系研究院副院长
　　李　炜：中国社会科学院社会学研究所社会发展研究室主任
　　李向军：《光明日报》理论部主任
　　李晓轩：中国科学院管理创新与评估研究中心主任
　　刘益东：中国科学院自然科学史研究所研究员
　　沈雁南：中国社会科学院欧洲研究所编审
　　时和兴：国家行政学院公共管理教研部副主任
　　王继承：国务院发展研究中心企业研究所中小企业研究室主任
　　吴大华：贵州省社会科学院院长
　　肖金成：国家发展和改革委员会国土开发与地区经济研究所所长
　　喻新安：河南省社会科学院原院长
　　张　翼：中国社会科学院社会学所副所长
　　朱旭峰：清华大学公共管理学院教授

卷首语

"智库",中国自古有之。齐国尹文子撰文曰:"所贵圣人之治,不贵其独治,贵其能与众共治",即将智库的作用提上一个高位。如今世界发展迅猛,产生大量数据、海量信息。人类科技已经发展到能够存储、发掘"大数据",这为精准分析、科学决策提供了可能。这种局面下,任何一家政府或组织难以驾驭并独自完成复杂数据的处理,据此做出科学决策,他们更加需要智库这样的专业机构为其决策提供服务。可以预见,政府设置内脑与智库将成为常态。如何建设好智库,成为一个新的热门话题。国内智库研究成果涌现,但受限于研究基础薄弱,虽然正逐步突破某些国外智库研究范式,却仍然没有形成中国特色智库研究方法和视角。智库与其他机构不同,不同类型、不同专业领域的智库各有特点,智库建设没有统一模式。智库发展,需要更多有识之士建言献策。

社会科学文献出版社长期致力于皮书研创与出版,已将皮书打造为具有较高影响力的智库产品和广大智库发布其智慧成果的开放式平台。正值国家加强中国特色新型智库建设之际,我们责无旁贷,承担国家社会科学基金重点项目"中国特色新型智库调查、评价与建设方略研究"更肩负了一份责任。创办《智库评论》是我们参与中国智库建设的一项举措,宗旨是建设全球智库研究成果发布平台,搭建中国智库研究的理论阵地。《智库评论》以智库为研究对象,根据智库研究和发展前沿设立主题,努力营造智库研究的讨论与交流氛围,引导中国智库研究方向。

在《智库评论》首刊发布之时，我们向全球智库研究者发出邀约：如果你准备好了，请不吝赐稿；如果你还在琢磨行文，请联系我们，与大家碰撞思想。希望通过我们共同的努力，为中国智库建设贡献智慧。我们向广大读者承诺：给我们一份关注和信任，还你们一片思想蓝海！

2015 年 9 月

目 录

·中国特色智库研究·

学术出版机构应为中国特色新型智库建设做好服务
.... 谢寿光　史晓琳 / 1
社会心态研究和监测的智库意义和实践 .... 王俊秀 / 11
中国特色新型智库建设：困境、目标与对策分析
.... 朱旭峰　韩万渠 / 22
中国社会智库发展模式及功能：以察哈尔学会为例
.... 钟　新　周奕凤 / 39

·学术争鸣·

以突破论英雄，以思想评智库
——创建一流智库从甄选一流智库专家开始 .... 刘益东 / 59
智库发展的新趋势 .... 任　晓 / 87

· 外国智库研究 ·

美国智库的组织结构及运作模式
　　——以布鲁金斯学会为例 ………………………… 周　琪 / 104
欧洲智库 Bruegel 的发展模式探讨 ………………… 徐奇渊 / 122

· 智库研究方法 ·

论研究智库的一般方法 ……………………………… 陈广猛 / 139
中国智库研究文献计量分析报告（1998~2015年）
　　………………………………… 孔　放　黄松菲　李　刚 / 162

· 智库观点 ·

中国资源环境承载力分析 …………………………… 路　兴 / 178

Contents

Chinese Think Tank

Academic Press Should Work for Building New Think Tank
    with Chinese Characteristics   *Xie Shouguang Shi Xiaolin* / 1

Theory and Practice of the Think Tanks of Social Mentality
    Wang Junxiu / 11

The Construction of New Think Tanks with Chinese Character-
    istics: Dilemma, Goal and Countermeasure Analysis
    Zhu Xufeng Han Wanqu / 22

The Development Mode and Function of Chinese Non-govern-
    mental Think Tanks: A Case Study of Charhar Institute
    Zhong Xin Zhou Yifeng / 39

Discussions and Debates

Evaluating the Thinkers Based on Breakthroughs and Judging
    the Think Tanks by Original Ideas——The construction
    of the first-class Think Tanks should start from the
    selection of top thinkers   *Liu Yidong* / 59

The New Trends of Think Tanks Development   *Ren Xiao* / 87

Foreign Think Tanks

Organizational Structure and Operation Mechanism of Think Tanks
in the United States——A case study of Brookings Institution

Zhou Qi / 104

A Case Study of European Think Tank: Bruegel's
Developing Model　　　　　　　　　　*Xu Qiyuan* / 122

Methodology

The Methodology of Think Tank Studies　　*Chen Guangmeng* / 139

A Bibliometric Analysis Report of Think Tanks in
China (1998~2015)　　*Kong Fang　Huang Songfei　Li Gang* / 162

Views and Ideas

Study on China's Carrying Capacity of Resources
Environment　　　　　　　　　　　　　　*Lu Xing* / 178

·中国特色智库研究·

学术出版机构应为中国特色新型智库建设做好服务[*]

谢寿光　史晓琳[**]

摘　要：党的十八大以来，中国特色新型智库建设受到党中央和社会各界的广泛关注。然而，中国智库发展水平尚不能满足经济社会发展需要，中国智库建设还存在这样或那样的问题，中国智库的作用与价值没有完全体现出来。一个重要原因是，中国尚未形成智库生态，供需不匹配，缺乏智库服务体系。学术出版机构是智库产品的出版与传播者，也是智库服务体系不可或缺的主体，应将学术出版机构纳入中国智库建设的总体框架，充分发挥其多元化作用。

关键词：学术出版机构　中国特色新型智库　智库产品

一　引言

党的十八大以来，党和国家对健全国家治理体系、提高治理能力提出了更高要求，构建了全面建成小康社会、全面深化改革、全面依法治国、全面从严治党的治国理政总体框架。中国特色社会主义发展道路处

---

[*]　本文系谢寿光主持的国家社会科学基金重点项目"中国学术图书质量分析与学术出版能力建设研究"（批准号：14AXW006）的阶段性研究成果。
[**]　谢寿光，社会科学文献出版社社长、中国社会学学会秘书长、编审、教授；史晓琳，社会科学文献出版社皮书研究院副院长、博士、副编审。

于国际环境复杂多变、国内社会网络化趋势明显的大环境和迅猛变化的信息化时代中,面临多种不确定因素,需要更具前瞻性、包容性的战略设计和能够及时响应的对策建议。这些都对智库及其产品提出了巨大需求。2015年1月,中共中央办公厅、国务院办公厅共同印发《关于加强中国特色新型智库建设的意见》(以下简称《意见》),对中国特色新型智库建设做出具体部署。习近平总书记在中央全面深化改革领导小组第六次会议上提出"建设有国际影响力的高端智库"。

然而,面对新的发展机遇和形势,一方面,党和国家对智库产品①和智库人才的需求量大增;另一方面,智库的作用和价值没有得到充分发挥,中国智库建设、智库产品供给不尽如人意。中国智库缺乏资源共享和思想交流、政策方案单一、研究成果应用性不强。智库共享信息与交流思想的渠道、智库产品整合推送平台以及为智库服务的持续不断的数据采集与分析系统还很欠缺。成果质量与国际领先智库相比还存在差距。智库产品不计入学者的研究成果,政府和相关部门设置的各类奖项基本上把智库产品排除在外。领导批示级别和数量是评价智库的主要标准,是否为国家领导人做过报告、是否参加过政府决策会议、是否有影响力也是参考指标,但是中国目前还没有形成一套公认的智库及其产品的评价激励机制。原有的智库与政府交互的渠道难以满足政策市场发展的需要。相关主体在中国特色新型智库建设中应扮演什么角色,发挥什么作用还没有清楚的设计,社会力量对智库建设的响应处于杂乱状态。中国尚未形成智库建设的总体性安排,只是就智库论智库。解决这些问题,拘泥于智库范畴是无法完成的,还需要建立一套服务和促进体系。

---

① 智库产品是智库及相关机构"生产出来的物品",即智库依托本身的知识积累,通过现状调查、议题设置与论证而形成的咨询报告、政策方案、规划设计、调研数据等用于提供政策建议、决策评估、政策解读的研究成果。智库产品这种说法比智库成果更能体现智库的智力价值,更能反映智库成果的产生需要多方协作的现实,更适用于市场经济条件下的中国特色新型智库建设实践。

二 中国特色新型智库建设需要配套服务

与学术研究不同，智库从事的是应用对策性研究，要充分了解实际情况，能够与相关领域专家和机构合作并根据现实提出对策建议，要向对策需求者推介提交研究成果，最好能将研究成果向社会推广，提升影响力。这些仅仅依靠智库自身建设是难以完成的，还需要相应的服务体系，包括数据信息服务、传播推广服务、交流平台服务和评价服务等。

（一）需要专业的数据信息服务

1. 智库需要专业的数据"清洗"者

智库需要把握尽可能多的政策理论与实践信息，并对其进行精准分析，研究多套政策方案，形成科学的政策研究成果。信息化、大数据时代使智库获取海量数据信息成为可能，同时也带来新的挑战，即大量的冗余信息和脏数据[①]给智库做研究造成干扰，降低了其工作效率。从现有的智库产品质量来看，信息服务难以满足智库研究需求，还需要专业的数据"清洗"[②]者和信息加工者。

2. 决策者需要专业的智库信息

党和国家提出大力推进中国特色新型智库建设目标后，大量的智库和研究机构加入这一新的发展大潮中。决策者在选择范围增大的同时，也面临如何选择的问题。他们需要掌握智库机构信息，为其决策寻找合适的智库服务者，最好能迅速定位最佳选择。从现有的智库信息存量来看，信息服务难以满足决策者需求，需要专业的智库信息采集、整理和

---

① 脏数据是一个计算机概念，指源系统中的数据不在给定的范围内或对于实际业务毫无意义，或数据格式非法，以及在源系统中存在不规范的编码和含糊的业务逻辑。此处借用这一概念，表示由于数据本身存在缺陷或受外部因素影响而产生的，存在没有及时更新、处理，不符合规范，不完整，不一致等问题的错误数据。

② 数据清洗是一个计算机概念，指发现并纠正数据文件中可识别的错误的最后一道程序，包括检查数据一致性，处理无效值和缺失值等。此处指对决策者和智库所需的数据进行筛查、核实，整理为准确的、可直接使用的数据。

提供者。

(二) 需要高效的传播推广服务

1. 智库发展需要推广

影响力和公信力是智库的核心竞争力。智库通过创新思想、创作产品、宣传推广扩大自身的影响力；在此基础上，通过其产品的有效实施和推广为社会进步做出贡献，来提升其社会公信力，实现可持续发展。此外，影响力和公信力是政府和公众了解智库及其实力的重要因素，也是智库产品被采纳、实施和推广的关键所在。智库影响力和公信力的提升，离不开高效的推广服务。

2. 智库发挥功能需要传播

《意见》提出，智库应"着眼于壮大主流舆论、凝聚社会共识"，发挥"阐释党的理论、解读公共政策、研判社会舆情、引导社会热点、疏导公众情绪的积极作用""运用大众媒体等多种手段，传播主流思想价值，集聚社会正能量"。智库发挥这些功能和作用，需要有效的传播渠道，大众媒体是其提升自身传播能力的必然选择。

(三) 需要高水平的交流平台服务

智库进行前瞻性的议题设置、科学全面的议题论证、及时高效的政策设计、准确的政策评估和具有高水平传播效力的政策解读，离不开与决策者、其他智库、社会公众的思想与信息交流。摩擦较小、交易成本较低的交流方式是搭建一个统一的交流平台。通过智库交流平台，可以整合智库及其研究资源，获取智库产品供求信息和政策供求信息，节约智库运行成本、政府搜寻成本和社会磨合成本。通过交流，智库能够更准确地把握问题的本质和各方的需求，从而提升智库产品的品质和智库运行效率。实现《意见》提出的"建立政府购买决策咨询服务制度""推进提供服务主体多元化和提供方式多样化"，也需要这样的平台。目前，中国的政策市场还相对欠缺，政策交流机制不健全，平台建设还很滞后。

（四） 需要公允的评价服务

评价是诊断评价对象发展状况、引导和激励评价对象发展的重要手段。推进中国特色新型智库建设，需要建立一套完善的评价管理体系。由于评价的目的不同、使用者不同，智库评价应包括智库综合实力评价、智库专业水平评价、智库影响力评价、智库产品评价、智库国际合作能力评价等。不论哪种内容和形式的评价，其方法和结果都必须是公允的，这样才能发挥评价的作用，辅助中国特色新型智库建设高效进行。然而，目前已有的智库评价无论是国内研究还是国外的研究均局限于智库影响力评价，且评价方法和公允性还有待进一步改进和提升。中国智库评价服务还有很大的发展空间。

三　学术出版机构具备的服务功能

学术是智库产品重要的思想来源，学术出版是学术发展与繁荣的重要环节。学术出版机构是智库产品的参与者和推广者，也是智库产品质量的把关者、评价者。在数字化、网络化、国际化背景下，学术出版机构可以利用自身在编辑、传播、评价、国际交流、数字内容整合等方面的优势为智库提供增值服务。

世界著名智库布鲁金斯学会拥有自己的出版社，是布鲁金斯学会推广本机构智库产品的渠道、影响社会的窗口以及与外部交流的平台。彭博社和路透社依托本机构的数据信息发布了大量有价值的智库产品。巴西智库通过出版物影响目标受众，并最终通过影响立法实现相关公共政策诉求（李国强，2014）。中国建设有国际影响力的高端智库离不开学术出版机构一系列的服务和支持。

（一） 学术出版机构是智库产品的生产组织者和传播者

智库产品是一种依托基础学术研究、侧重应用对策的研究成果。智库产品重在生产和传播。学术出版机构作为连接学者和学术产品需求者的中间环节，既把握学者的研究动态，又了解社会对学术研究成果的需求。他们将研究机构和个人创造的智库类研究成果加工为智库产品；将从市场获取的智库产品需求信息传递给研究机构和个人，引导智库产品创造；将经由自己加工整理的专业性数据信息提供给智库，提升智库产品创作的效率。最终，学术出版机构向社会传播这些智库产品，并在这个过程中形成反馈机制，服务下一个智库产品生产流程。学术出版机构是智库产品重要的组织者和传播者。

例如，以"经济蓝皮书"和"社会蓝皮书"为代表的皮书是最完备、最具智库产品特征的应用对策性成果。社会科学文献出版社每年出版的300余种皮书承载的是300余家智库的智慧成果。其研发的"皮书数据库""列国志数据库"等系列数据库，设计的数据信息产品线，正在为政府、企业和社会组织以及大学、科研院所等智库产品研创单位提供专业、多元、精准、便捷的研究资料和素材。

建设智库产品要提升国际影响力的高端智库是中国智库建设的一个重要目标。高端智库必须有好的产品，并且好的产品能够到达决策者，能够影响社会。智库产品要提升国际影响力，除了通过参与国际活动和对外宣传等途径获得国际知名度外，还需要让世界认识其产品和内涵。这是智库难以独立或依靠一般新闻媒体进行推广来完成的。有国际推广能力的学术出版机构能够引导、帮助智库成就高水平的智库产品，其国际合作伙伴往往也是学术出版机构，他们专业的传播渠道和平台，更有助于提升中国智库在国际上的影响力。

（二）学术出版机构是智库产品的评价者和把关者

学术出版机构不仅是学术成果的记录者，更是学术成果质量的把关者。为了打造和维系本机构的品牌影响力，学术出版机构会自发地形成筛选淘汰机制，评价学术成果。对于以出版形式存在的智库产品而言，学术出版机构将成为必要的评价者和把关者。例如，社会科学文献出版社的皮书评价和评奖机制制定了应用性研究成果的标准与规范，为智库产品评价树立了标杆。

（三）学术出版是智库产品传播的重要渠道

智库将其产品传播给决策者的渠道不外乎两种：一是直达决策者的特定渠道；二是通过媒介再到决策者的间接渠道。第一种渠道的传播效果最直接，但对于渠道建设要求较高，对于智库产品内容也有诸多限制，不利于"提供服务主体多元化和提供方式多样化"、智库产品的多样性和智库社会影响力的提升。在第二种渠道下，决策者可以获得更为丰富多样的智库产品，智库可以提升社会影响力，智库产品在传播过程中影响社会，从而提高政策实施的效率。学术出版是记录与保存、公布与传播学术研究成果和思想的重要方式和渠道，也是智库产品传播的间接渠道之一。

例如，社会科学文献出版社皮书特有的推广方式对高端读者产生了广泛的影响力，并通过他们产生了巨大的社会效应。皮书的国际出版与推广不仅扩大了中国智库在海外的影响力，还提高了中国在国际上的话语能力。

（四）学术出版机构是学者与智库专家相互转换的触发者

智库产品的基础是学术研究，智库专家首先是学者，而学者不一定都能成为智库专家。这就需要某种触发和转化机制。社会科学文献出版社将皮书这种学术品牌打造为智库产品，皮书研创造就了一批智库专家。同时，智库从业者在创作皮书的过程中提升了学术水平。学术出版机构在学者与智库专家相互转化过程中发挥了重要作用。

四 如何充分发挥学术出版机构的服务功能

学术出版机构是中国特色新型智库建设的参与者和服务者，能够整合专业的数据信息，成为决策者、智库的信息服务者；整合智库产品，节约资源、提高效率，引导高端智库产品生产和消费；为智库量身定制宣传模式，提升智库在海内外的影响力；搭建沟通平台，促进政府和智库的相互了解；解读并宣传公共政策需求，使智库快速找准研究方向；分析并宣传智库专长，使政府迅速定位智库产品提供者；评估智库发展水平和智库产品绩效，促进智库公信力的提升。充分发挥学术出版机构在中国特色新型智库建设中的作用，可以从以下几个方面着手。

（一）将学术出版机构纳入智库建设总体框架

将学术出版机构纳入中国特色新型智库建设的总体框架，认定其在智库产品生产、评价、传播，智库专家培养，智库影响力提升，智库国际合作中的重要地位，明确其功能定位和未来发展方向，建设学术出版机构与其他智库建设主体的联动协同机制。

（二）给予学术出版机构参与中国特色新型智库建设必要的支持

进一步支持学术出版机构出版智库产品，培养编辑、内容策划人才，进行智库产品数字化和资源整合，搭建海内外传播推广平台。将学术出版机构出版的智库产品纳入学术研究评奖、评价活动中，给予智库产品社会普遍认可的身份。

（三）支持学术出版机构参与中国智库评价考核工作

评价与考核是智库动态平衡系统的重要组成部分。学术出版机构记录智库产品创造过程、组织智库产品生产、传播智库产品，参与智库运行的大部分过程，接触智库产品研创者、传播者、使用者，掌握智库产品等内容资源以及智库运行流程与模式等信息，对学术出版机构作为第三方开展中国智库评价考核工作应予以肯定与支持。

（四）支持学术出版机构参与国际话语体系和公共外交建设

近年来，中国学术出版机构在国际交往中的活跃度日益提升，在公共外交中发挥越来越重要的作用。应给予学术出版机构参与国际学术交流和出版活动更多支持，并鼓励其与国外著名智库深度合作，建立特殊的公共外交渠道，如搭建国际智库产品交流平台，以智库外交促进中国国际话语体系建设，提升公共外交水平。

参考文献

李国强，2014，《中国特色新型智库"特在哪里新在何处"》，《中国经济时报》5月30日，第5版。

李伟，2015，《〈关于加强中国特色新型智库建设的意见〉解读》，《西部大开发》第2期。

中共中央办公厅、国务院办公厅，2015，《关于加强中国特色新型智库建设的意见》，http://www.gov.cn/xinwen/2015-01/20/content_2807126.htm，最后访问日期：2015年7月。

周春华、王运成、陈冰，2012，《传感器网络中时空关联的脏数据过滤技术》，《计算机工程与设计》第5期。

Academic Press Should Work for Building New Think Tank with Chinese Characteristics

Xie Shouguang　　Shi Xiaolin

Abstract: The Party Central Committee and the public pay close attention to the building of new Think Tank with Chinese characteristics from the eighteenth National Congress of the Communist Party of China. However, Chinese think tanks cannot meet the demand of economy and society development. There are some problems in Chinese think tanks. They have not played the key role. The reason is that the think tank ecosystem has not been built, the supply mismatches the demand, and the think tank service system is lacking. Academic press is the publisher and disseminator of think tank product who is indispensible in the service system. Academic press should be brought into the general framework of the building of new Think Tank with Chinese characteristics and play diversified roles.

Keywords: Academic Press, New Think Tank with Chinese Characteristics, Think Tank Product

（责任编辑：陈青）

社会心态研究和监测的智库意义和实践

王俊秀[*]

摘　要：本文认为建立社会心态智库对了解社会心态、调节和引导社会心态以及对国家大政方针和社会政策的制定和实施具有极其重要的意义。目前，不同群体和阶层的社会冲突和社会矛盾加深，应明确地把社会心理建设、社会心态培育纳入治国方略中，为实现中华民族复兴的伟大目标调动社会心理资源。本文介绍了社会心态研究的特点和社会心态的初步实践，也指出了社会心态智库未来发展的方向。

关键词：心理学　社会心态　智库

一　建立社会心态智库的意义

(一) 为国家政策制定提供智力支持

党的十八大报告要求，"加强和改进思想政治工作，注重人文关怀和心理疏导，培育自尊自信、理性平和、积极向上的社会心态"。《中共中央关于全面推进依法治国若干重大问题的决定》提出，"坚持依法治国和以德治国相结合"。

社会道德建设要完善公民人格，推动全社会的私德培育和公德养成，

---

[*] 王俊秀，中国社会科学院社会学所社会心理学研究室主任，博士、研究员，研究方向：社会心态、风险认知、汽车社会。

法治国家的建立要完善个人法制观念，"依法治国"和"以德治国"相结合要以每个公民的道德行为和法制行为为基础。而与这些紧密联系的还有社会认知态度、社会情绪和社会价值观等，它们共同决定着社会的发展，而这些内容均属于社会心态的研究范畴。要实现"依法治国"和"以德治国"相结合，首先要对目前社会的道德观念、法制观念以及相关的社会心态有深入的研究、深刻的认识，在这基础上才能有的放矢地制定社会政策和社会教育方案，而目前相关研究比较少，对于社会宏观的心态研究更是不足。

实现"国家富强、民族振兴、人民幸福"的"中国梦"明确了"中国梦"与人民幸福的关系。这种新的发展观把可持续发展和以人为本作为重要内容，更把国民的幸福明确为政府执政的目标。而个人与国家、民族的关系，人民幸福和社会发展也都是社会心态的重要研究内容。

建立社会心态智库对于国家大政方针和社会政策的提出和实施具有极其重要的意义。了解社会心态、调节和引导社会心态对于社会发展也具有重要意义。

（二）有利于完善智库结构

2015年1月中共中央办公厅、国务院办公厅印发了《关于加强中国特色新型智库建设的意见》，明确提出中国特色新型智库是党和政府科学民主依法决策的重要支撑、是国家治理体系和治理能力现代化的重要内容、是国家软实力的重要组成部分。明确提出到2020年"形成定位明晰、特色鲜明、规模适度、布局合理的中国特色新型智库体系，重点建设一批具有较大影响力和国际知名度的高端智库，造就一支坚持正确政治方向、德才兼备、富于创新精神的公共政策研究和决策咨询队伍，建立一套治理完善、充满活力、监管有力的智库管理体制和运行机制，充分发挥中国特色新型智库咨政建言、理论创新、舆论引导、社会服务、公共外交等重要功能"。同时提出"发挥中国社会科学院作为国家级综合性高端智库的优势，使其成为具有国际影响力的世界知名智库"。社会心理学是社会科学中重要的基础学科，国家和社会对社会心理学研究的要求越来越高，要建成国家级综合性高端智库，没有强大的社会心理智库是不行的，而基于目前的条件，集中资源建立独特的社会心态智库是可行的。

（三）有利于推动社会心理建设

改革开放37年的进程中，我国在不同的时期重点推行经济建设、法制建设和社会建设。在"十三五"期间，社会结构调整、不同群体和阶层的社会冲突和社会矛盾可能会表现出新的特点，应明确地把社会心理建设、社会心态培育纳入治国方略中，为实现中华民族复兴的伟大目标充分调动社会心理资源，形成经济建设、法治建设、社会建设和心理建设不偏废的社会发展思路。社会心态智库的建立将为社会心理建设的实施和完善提供重要的学术支撑。

（四）有利于促进学科建设

社会心态关注社会转型、发展和变迁，关注文化对人和社会的影响，关注经济发展、社会环境、社会稳定、心理健康、社会凝聚力、社会共识、社会价值观、社会情绪、信息媒体、社会发展等。近年来，社会心态研究已经积累了大量的成果，这些内容将对社会心态智库建设起到有益的作用。此外，社会心态研究是社会学、社会心理学等学科交叉的研究范式，这种以宏观社会心理为研究对象、关注社会转型和变迁的研究也是对传统心理学、社会心理学研究的发展和促进（王俊秀，2014）。

二 社会心态智库建设的经验

（一）心理学智库的发展

历经100多年的发展，心理学的研究领域不断扩大，研究成果不断增多，许多分支领域的研究成果直接服务于人们的生活，也为社会政策制定提供了支持。国外心理学界很重视智库工作，强调利用专业能力为政府和组织提供咨询服务。为了提高心理学在政治领域的影响力，他们提出研究者、实践者、政策制定者和社会行动组织应多交流沟通，形成网络；讨论与政策有关的研究成果和在实践中积累的知识和资料；参与跨学科多层次的研究（Maton and Bishop - Josef，2006）。一些专业心理学家组建了专门的心理学智库，如运动心理学、健康心理学、认知心理学、发展心理学专门智库，进行关于运动（Poczwardowski and Lauer，2006）、健康教育（Bliss，2012）、智力缺陷（Ouellette - Kuntz et al.，2005）的研究。获得2002年诺贝尔经济学奖的心理学家丹尼尔·卡尼曼（Daniel Kahneman）2012年带领他的研究团队不仅用心理学的方法解决经济问题，也加入法国前总统萨科齐组建的由诺贝尔经济学奖获得者斯蒂格利茨、阿马蒂亚·森等组成的斯蒂格利茨—森—菲图西委员会（正式名称是经济运行与社会发展评估委员会），致力于构建国民幸福指数，为法国制定社会发展政策提供支持（沈颢、卡玛·尤拉，2011）。类似的由心理学家和其他学科的社会科学家参与的智库性研究团体不断出现。

国内心理学的发展非常迅速，许多综合性大学已经建立了规模较大的心理学学院或心理学系、心理学研究所，不仅发挥着培养心理学学科人才的作用，也具有在认知心理学、教育心理学、心理咨询和治疗、健康心理学、组织管理心理学、环境心理学等分支学科提供政策咨询的能力，可以在个体智力和人格、心理健康与心理疏导、家庭与婚姻和谐、重大危机事件处理、教育改革等方面为公共政策制定提供咨询服务（《心理与行为研究》编辑部，2013）。

（二）社会心态研究的特点

社会心态研究是从宏观视角进行的社会心理研究，既包括一个时期作为历史片段的相对静态的社会心理特点，也包括在历史长河中社会心理的演变。社会心态既具有一定的普遍性，也具有一定的区域性、地域性，也因不同的文化、亚文化的影响而具有其特异性。社会心态倾向于社会整体或局部的多数人表现出的一致的社会心理特点，也可能是这个整体或局部中占较大比例的那些人的社会心理特点，社会心态既包括一些稳定的、内在的社会心理特点，也包括一些暂时的、变动的社会心理特点。因此，社会心态是在一定时期的社会环境和文化影响下形成的、社会中多数成员表现出的、普遍的、一致的心理特点和行为模式，并成为影响每个个体成员行为的范式（王俊秀，2013）。社会心态是由社会心态的核心要素为结构框架，与社会心态的边缘元素结合构成的。社会心态的核心内容包括作为动力基础的社会需要，以及社会认知、社会情绪和社会行为倾向。社会需要对社会认知产生影响，同时，社会认知能够感知社会，可以对此进行包括思维在内的认知活动；社会情绪与社会相关，是社会满足与否的直接体现，也是作为社会动力特征的延续，表现为情绪能量。社会情绪也会影响社会、调节社会；社会需要是社会行为倾向的动机因素，反过来，社会行为或者促进需要的满足，或者抑制需要的满足。这些基本要素之间的关系是协同的，并且都受到一定的社会价值观的影响和支配。社会需要、社会认知、社会情绪、社会行为倾向和社会价值观构成了社会心态的核心。社会心态的核心也受到边缘因素的影响，心理学、社会心理学学科的许多概念属于这样的边缘因素，如人际或群际的信任、社会认同、社会认知策略等。在一定时期，社会心态的表现受社会心态核心中占主导地位的因素影响，这些因素分别由社会比较一致的社会认知（也就是社会共识）、社会成员共享的社会主导情绪、社会团结和合作行为以及社会核心价值观念构成（王俊秀，2014）。

　　社会心态这个概念的提出是区别于社会心理的，除此之外，还有一些相关的概念，如社会思想、意识形态、民意、舆论和舆情等。意识形态主要是政治学和哲学的研究范畴，舆论、民意和舆情则主要是传播学和社会学的研究对象，社会心态则以社会心理学和社会学为主，是一种宏观的社会心理学。舆论、民意和舆情，经常使用社会学、社会心理学的方法，对社会大众的显性的和隐性的社会认知、社会态度进行调查；采取的手段更多的是对社会大众的公开表达进行监测，也就是进行舆论信息、情报的收集、处理。社会心态是更深层次的研究，是对社会大众言论、行动的内在社会心理机制、社会心态特点和规律的探究，有助于了解公众意见、社会态度和社会情绪形成的内在原因及变化机制，也对社会变迁和社会转型中内在的机制进行探讨，因此，在方法上是传统社会心理学微观研究和社会学宏观研究的结合（王俊秀，2014）。

（三）社会心态智库的初步实践

国内心理学的发展为心理学和社会心态智库提供了知识储备和人才储备，特别是社会心理学研究、社会心态研究已经为国家解决社会问题、制定社会政策做出了一定的贡献。以中国社会科学院社会学所社会心理学研究室为例，作为中国社会科学院唯一的心理学研究机构，在完成基础性学术研究的同时，十分重视社会心态研究的现实意义和社会政策意义，完成了许多政策性、智库性研究报告以及国家级、部委级政策性研究课题和省、地方政府委托的课题、调研和政策咨询项目，报送了大量的政策建议；也完成了一些社会组织委托的课题。

社会心理研究室通过与国内多所高校和当地政府部门合作建立社会心态观测点的形式，形成了一种四方合作、互助互惠的社会心态研究模式：联合高校研究力量义务为地方政府、调研社区提供社会心态研究报告；政府和社区为社会心态调查提供辅助；高校教师、研究生参与课题研究和成果发表；高校学生参与从调查实践到成果发布的全过程，积累知识和研究经验。这种模式调动了各方的积极性，目前已经建成的社会心态观测点遍布各省、自治区，如浙江省、云南省、广东省、山东省、黑龙江省、内蒙古自治区、安徽省等。也与杭州市、北京市西城区、广州市的一些政府部门建立了长期的合作关系。与中国香港、台湾及国外的高等院校和研究机构保持着长期的合作和学术交流。在发表社会心态研究报告、出版社会心态研究专著的同时，从2011年起出版"社会心态蓝皮书"，已经连续出版了《中国社会心态研究报告（2011）》《中国社会心态研究报告（2012~2013）》《中国社会心态研究报告（2014）》。"社会心态蓝皮书"不仅在学术界产生了很大的影响，引领和推动了国内的社会心态研究，也对政府部门和社会产生了很大的影响，研究团队为国家宣传部门、政法部门、公共管理部门提供了研究报告和政策咨询，"社会心态蓝皮书"中的许多研究报告被中央电视台、《人民日报》《光明日报》等中外各类媒体大量报道和转载，引发全社会的关注和讨论。

在经历了心理学、社会心理学大力发展的几十年和社会心态研究十多年的探索后，社会心态研究具备了较好的理论基础和成果准备，未来可以向进一步的智库性课题研究和智库建设努力。

三　社会心态智库的发展方向

如何实现中央提出的"发挥中国社会科学院作为国家级综合性高端智库的优势，使其成为具有国际影响力的世界知名智库"？社会心态智库作为高端智库重要的、不可或缺的部分，既有反映中国现实的本土性，也有与世界比较和对话的国际性，社会心态智库的建设将有助于中国特色新型智库的建设。总结以往社会心态研究和智库实践研究经验，未来社会心态智库的发展可以朝着以下几个方面努力。

（一）现实关怀

社会心态智库是建立在社会心态研究始终坚守的对中国社会转型和社会变迁深切理解的基础上的。社会心态研究不同于西方的社会心理学研究，它完全是一种本土社会心理学研究范式，以社会心理学、社会学等多学科研究为坚实基础，深入研究当前整体中国社会、不同社会群体的心理特点和变化。不同民族、不同阶层、不同信仰、不同地域、不同文化的社会群体的社会心态非常复杂，根据我们建立的社会心态元素构成框架来分析，它包含了不同社会群体的不同社会需求，不同社会群体的社会认知和群体关系，如社会态度、社会信任、社会接纳和社会认同、社会排斥和社会敌意、社会支持等，也包含了不同群体在相同环境下和不同环境下的社会情绪特点和变化。对上述社会心态具有支配和决定意义的是整个社会和不同群体的信念和社会价值观，以及社会群体已经形成的针对个人和社会问题的参与方式以及应对社会矛盾和社会冲突的定势和方式。以上问题的研究将非常有利于国家社会政策的制定和社会治理。

（二）多学科研究范式

由于社会心态直接反映中国社会的现实问题，因此社会心态智库必须采取多学科的研究范式，因为传统心理学、社会心理学以研究个体和小群体的心理和行为为主，社会心态只有融合社会学、人类学、经济学、传播学等的学科的研究视角，并从多角度去理解和认识社会现实问题，才能比较好地认识社会现实问题的特点，提出干预和解决社会问题的思路和方法。

（三）多研究方法结合

社会心态研究是基础学科和应用学科的结合，既是对社会现实的反映，也是对传统社会心理学学科的拓展。社会心态研究既包含社会转型、社会变迁状况下人们的社会心理和行为方式的特点和变化，也包含对发生在当下的不同情境、不同群体的社会态度和情绪的动态监测。因此，社会心态智库的研究方法应该包括实验室和现实场景下的实验研究，用于不同区域、不同群体特点和比较的典型样本调查，对中国社会整体和不同行政区域、不同文化、不同阶层等社会心态特点推断和比较的大样本抽样调查以及能够反映中国社会特点、中国网络社会特点的大数据研究。社会心态研究要从传统社会到现代社会变迁规律中寻找社会心态的规律，把历史研究、文化研究融入社会心态研究过程中，结合当前社会心态特点，努力使研究符合未来社会发展；要把不同层面的研究方法和成果有机结合起来，形成从微观、中观到宏观，从局部到整体，从变迁特点到预测、判断，深入研究社会心态的机制、现状、特点、规律和发展趋势的格局。

（四）开放和合作

像许多有国际影响力的智库一样，社会心态智库必须是一个开放的智库，是一个对社会心态进行合作研究和社会心态学术交流的平台。首先是政府部门和科研机构的合作。政府部门要积极响应中央提出的《关于加强中国特色新型智库建设的意见》，积极支持智库的研究，制定相应的法规和制度，对不同密级的资料、文件和数据采取不同的使用授权和成果公开形式，将属于信息公开的资料和数据向社会开放，鼓励社会智库和研究机构进行研究。目前，政府部门的许多信息不对研究机构开放，包括交通管理和交通事故情况、社会治安和犯罪情况、人口普查数据等应该属于开放信息的内容都不对研究机构开放，智库研究必然受到很大限制。其次是社会机构或社会组织与科研机构的合作。在信息时代，特别是大数据时代，大量的社会核心信息已经不掌握在政府机构手中，而是在社会组织和机构中，如公民的通信信息、流动和交通信息、消费信息、社会交往信息、医疗信息等，这些信息是政府决策的重要参考，国家应该出台相应的管理法规，要求社会机构或社会组织对智库和国家政策的研究开放。再次是科研机构的合作。应该鼓励研究机构、科研人员合作，开放和共享资源，特别是对政府财政经费支持的资料和数据库应该依照不同的时限强制公开，吸引更多的国内外研究机构和人员参与智库研究，参与学术交流，这是建成有世界影响力的特色智库的重要保证。

<h1 style="text-align:center">参考文献</h1>

王俊秀，2014，《社会心态理论：一种宏观社会心理学范式》，社会科学文献出版社。
Maton, K. I., and Bishop-Josef, S. J..2006. "Psychological Research, Practice, and Social

Policy: Potential Pathways of Influence." *Professional Psychology: Research and Practice* 37: 140.

Poczwardowski, A., Lauer, L.. 2006. "The Process of the Redondo Beach Sport Psychology Consulting Think Tank." *Sport Psychologist* 20: 74.

Bliss, K. R.. 2012. "Health Educators as a Think Tank: Recommendations to Improve Health Care Reform Proposals and Potential Roles for the Profession." Ph. D diss., Southern Illinois University.

Ouellette – Kuntz, H., Garcin, N., Lewis, M. E. S., et al.. 2005. "Addressing Health Disparities through Promoting Equity for Individuals with Intellectual Disability." *Canadian Journal of Public Health/Revue Canadienne de Sante'e Publique*.

卡尼曼，丹尼尔，2012，《思考，快与慢》，胡晓姣、李爱民、何梦莹译，中信出版社。

沈颢、卡玛·尤拉，2011，《国民幸福：一个国家发展的指标体系》，北京大学出版社。

《心理与行为研究》编辑部，2013，《"中国特色心理学智库建设"高层论坛会召开》，《心理与行为研究》第11期。

王俊秀，2013，《社会心态的结构和指标体系》，《社会科学战线》第2期。

Theory and Practice of the Think Tanks of Social Mentality

Wang Junxiu

Abstract: It is extremely important to establish Think Tanks of social mentality for understanding the social mentality, for regulating and guiding the social mentality, and for proposing and implementing public policy. Nowadays, social conflicts in different groups and classes tend to deepen, so construction of social psychology and cultivation of social mentality should be taken as the basic policy of a state to mobilize psychological resources of the society for achieving the great goal of rejuvenation of the Chinese nation. This paper introduces the characteristics of social mentality research, the preliminary practice of social mentality, and also points out the future development of Think Tanks of social mentality.

Keywords: Psychology, Social Mentality, Think Tank

（责任编辑：陈青）

中国特色新型智库建设：困境、目标与对策分析*

朱旭峰　韩万渠**

摘　要：建设中国特色新型智库已经成为推进国家治理体系和治理能力现代化的重要战略举措。现阶段，中国智库发展存在影响力有待提高、高质量智库缺乏、区域发展不平衡等问题。政府应坚持中国智库发展的基本目标，并实现高质量智库建设和促进地方智库发展的协同，通过促进不同类型智库协调发展、创设有序竞争的智库发展环境、创新智库发展组织形式和管理方式、加强智库政策研究方法创新和数据库建设、探索智库间纵向合作交流机制等举措，促进中国智库有序健康发展，完善中国智库的社会功能。

关键词：新型智库　国际比较　自主性　地方智库

一　问题的提出

智库作为相对稳定且独立运作的政策研究和咨询机构（朱旭峰，2009），是实现决策科学化、民主化的一种制度和组织安排，对各国的政策过程具有重要的影响。随着全球化的持续深入和信息技术的快速发展，各国智库广泛兴起，在影响国家决策、引导社会舆论、推动国家外交、

---

* 本文得到国家优秀青年科学基金（71322302）、国家社科基金青年项目（15CZZ019）资助。
** 朱旭峰，清华大学公共管理学院教授、博士生导师；韩万渠，南开大学周恩来政府管理学院博士研究生、河南师范大学讲师。

提升国家软实力等方面发挥着日益重要的作用。从全球智库发展的历程来审视，国家治理面临公共问题的复杂性和改革的艰难性，会催生出对智库更多的决策咨询需求。当下中国正面临全面深化改革的历史命题，国际政治、经济环境变化暗潮涌动、不确定性剧增。在"关键机遇期"转向"深化改革期"的时间窗口，国家需要理论界和智库提供新的思想观点和政策方案，也自然孕育出"中国特色新型智库建设"的重大课题。

在此背景下，十八大以来，国家日益重视智库发展及其对国家治理体系和治理能力现代化的推动作用。理论界和实践界在"智库发展的春天"的语境下，对中国智库发展提出了许多对策建议。这些研究对推动中国智库发展具有积极意义。但是，正如薛澜（2014）指出的"智库热的冷思考"，考察中国智库发展需要正确识别中国智库发展存在的问题，并以正确的策略推动中国智库发展。本文根据有关中国智库发展的三份报告，厘清中国智库发展面临的两大困境：高质量智库缺乏和智库区域发展不平衡，分析智库发展存在困境的根本原因，确立中国智库发展的目标体系，并提出加强中国特色新型智库建设的策略选择和政策建议。

二 中国智库发展的现状与困境

中国智库的快速发展已经引起广泛的关注，对智库发展的各类评估报告也应运而生。以下对中国智库发展现状的分析，主要通过对三份智库发展报告展开，以期把握中国智库发展的基本状况，发现中国智库发展存在的问题。第一份报告是宾夕法尼亚大学詹姆斯·麦甘（James Mc-Gann）全球智库评价团队发布的《全球智库报告2013》；第二份报告是国家科技部和国家统计局2011年组织实施并发布的《全国软科学研究机构统计调查报告（2009~2010）》；第三份报告是上海社会科学院推出的《2013年中国智库报告》。尽管《全球智库报告2013》在智库遴选、智库评价方面存在诸多问题，排名评价的维度不具有权威性，但该报告仍然是目前智库国际比较研究领域最权威的成果。《全国软科学研究机构统计调查报告（2009~2010）》由国家科技部和国家统计局于2012年共同负责组织实施，是截至目前最新的全国软科学机构调查成果，主要针对各省软科学研究机构在研究团队、课题经费、研究产出等方面进行调查，是反映中国智库总体发展情况的权威报告。软科学研究机构和智库的概念之间存在一定的差异，但该报告可以从智库研究产出的维度反映中国智库的总体发展状况。《2013年中国智库报告》由上海社会科学院组织实施，其研究方法与《全球智库报告2013》相似，但更加详细地对参与评价的中国智库进行了比较研究，尤其是东中西部智库发展区域比较分析，反映了中国智库发展的区域分布状况。

（一）中国智库发展的总体状况

1. 智库数量显著增加

改革开放以来，中国智库总体发展迅速。从智库数量方面，据美国宾夕法尼亚大学发布的《全球智库报告2014》统计，截至2013年底，全球智库报告中所列的中国智库为429家，排名世界第二（McGann, 2014）。尽管该报告在全球范围内具有较大影响力，但是其在各国智库排名的遴选统计方面，存在一定的问题。目前国内比较认可的是依据中国软科学研究机构的数量进行统计。截至2010年底，全国共有软科学研究机构2408家，比2006年增加1075家，增长80.6%。去除中国软科学研究机构中包含的官方政策研究机构，中国智库的数量在2000家左右。[①] 以此数据为参考可以发现：近年来，中国智库数量总体呈现迅速增长的趋势。尤其是2013年4月中央领导对"加强中国特色新型智库建设"做出批示后，一大批高校智库、民间智库相继成立，可以预见的是在国家科技部软科学研究机构调查中的中国智库数量将有大幅度提升。

---

① 中国科学技术部办公厅、中国科学技术发展战略研究院：《全国软科学研究机构统计调查报告（2009~2010）》，2011（10）。

2. 智库活动日益加强

政府决策对决策咨询及思想产品的需求拉动，智库自身对其思想产品的推广，使得中国智库日益活跃于政府决策咨询会、学术论坛、新闻媒体专访等各种平台，通过各种渠道和方式发挥其政策影响力。中国智库在党和国家重大方针政策研究、重大经济社会问题研究、政府政策问题研究等政策过程中，投注了大量的人力与经费，承接了党和政府部门大量课题研究项目，取得了很多重要研究成果。据中国软科学研究机构调查统计，2009~2010年全国政策研究与咨询机构承担国家级、地方级、横向委托等课题35724项，出具内部研究报告或内参报告共24483篇，获得各级领导批示5551次。随着全球化进程的加剧，中国智库加大国际合作与国际交流活动的力度，参与国际公共事务日益频繁。2009~2010年，中国智库参加国际会议6419次，比2003~2004年增长173.4%，智库成员在国际期刊上发表文章6596篇，译成外文的著作有268部。[①]

（二）中国智库发展面临的困境

1. 智库影响力亟待进一步提升

中国智库发展迅速，数量显著增加，智库活动日益加强，一些成果也直接、间接转化为党和国家的决策，转化为政府部门的政策措施，智库对政府政策的优化也得到社会的认可。上述数字仅仅能反映智库产出量的变化，并不能完全代表智库的影响力。改革开放以来，智库发展对社会转型期中国发展的积极影响不可否认。但是，十八届三中全会提出"全面深化改革"重大战略议题，党和国家领导人对智库十分重视和寄予期许，说明中国智库发展尚未满足国家治理对思想产品、政策方案的要求。尤其是从提升国家软实力的战略高度审视，中国智库承载着抢占

---

① 中国科学技术部办公厅、中国科学技术发展战略研究院：《全国软科学研究机构统计调查报告（2009~2010）》，2011（10）。

国际话语权、塑造国家形象、展示国家自信力的重要功能。无论是分析《全球智库报告2014》的数据,还是分析国际政治、经济、文化舞台中智库传播中国声音的现状,都不难发现:中国智库的国际影响相对薄弱,中国智库的影响力亟待增强。

2. 高质量智库缺乏

以参与《全球智库报告2014》的429家智库的排名情况为依据,进入全球智库报告各类型榜单的中国智库有22家①,这些智库的实力、竞争力和影响力等均居于国内智库前列,可以代表中国目前智库发展的较高水平。但以报告排名为参考,在包含美国智库在内的前150名中,只有7家中国智库入围,其中四家主要集中于外交、国际关系领域,由此可见国际上更重视智库在国际事务中的参与度。在中、印、日、韩四国共45家区域顶级智库排名中,中国智库占9家(含中国台湾1家),总量上尚未达到平均数(McGann,2014)。由此可见,中国智库在全球智库发展的大阵营中,无论是在全球比较上,还是在区域比较上,都存在较大差距。尽管这一差距会受到评价本身科学性的影响,但是从总体上可以反映出中国高质量智库欠缺的问题。

3. 中国智库区域发展不平衡

根据前述两个报告的数据,中国2000家左右的智库,只有429家进入全球智库报告榜单。上海社会科学院推出的《2013年中国智库报告》,仅仅选取其中的200家左右进行评价。抛开两份报告本身入围智库评价门槛设定的严谨性问题,这一现象反映的是:大量专注于服务地方经济社会发展的地方智库②并未引起评价方的关注,也可以说大量分布在各

---

① 其中包括世界经济与政治研究所和西亚非洲研究所,但这两个研究所事实上同属于中国社会科学院。
② 本文中的地方智库指那些专门服务于地方政府经济社会发展、主要为地方政府提供政策研究和咨询的机构。国家级智库指那些专门服务于国家战略、主要以国家层面政策议题为研究领域、并在国家层面政策过程中具有一定影响力的智库。这一界定尽管并不严谨,在本文中,主要为了突出地方政府政策水平在国家治理体系中的重要性,引起学界、智库实践界及决策者对"地方智库建设"这一议题的关注和重视。

省市和地方高校中的地方智库影响力不够、发展水平参差不齐，归结起来就是"中国智库发展区域不平衡"。仅就上海社会科学院发布的《2013年中国智库报告》的结果分析，中国智库发展从区域分布上看，东、中、西部智库数量和发展水平差异较大。从2015年1月发布的《2014年中国智库报告》中可以发现：这一差距依然存在。这一分布的决定因素既与区域经济社会发展水平有关，也与当地政府对专家决策咨询制度的重视程度有关，更反映了智库人才队伍的区域分布不均衡问题。

（三）中国智库发展困境的原因分析

中国智库因发展历史不同形成多元的组织背景，这使得不同类型智库形成自己独特的影响渠道、研究领域，具有潜在的多元互补的典型特征，这也是中国智库区别于其他国家智库的特色所在。但是，这些智库是否能够形成良性的互补格局，受制于智库发展的另外两个属性——竞争性和自主性（朱旭峰、韩万渠，2014）。

1. 竞争性不足是中国智库影响力普遍不高的主要原因

中国各类型智库的影响力发挥，主要依赖于智库的体制内或事业单位型组织背景，由此建立起来的行政联系渠道和个人关系网络具有一定程度的垄断性，使得政策分析市场难以形成公平有序的竞争环境。竞争性政策分析市场的激励有助于智库影响力的提升。高质量的思想观点和政策方案又是智库影响力的根本所在。思想观点和政策研究的产出历来受事实判断和价值判断可能存在的冲突的影响。不同智库类型、不同研究专长的智库研究人员对同一政策问题的观点和给出的解决方案表现出显见的差异。这一差异也自然形成政策问题解决方案的多元性。政府公共决策的本质是在众多政策方案中选择满意的而不一定是最优的方案（或者本身并不存在最优的方案）。缺乏公平有序的竞争环境，长期依赖于固定的咨询团队，将极大地限制思想观点和政策方案的多元化。而日益复杂化的政策问题给决策者带来挑战，需要有更为多元化的政策方案，更富竞争性的政策分析市场。同时，提升智库的影响力除了需要竞争性的思想观点和政策方案产出，还需要在此基础上进行公开运作和媒体宣传。公平有序竞争的智库发展环境的缺乏，使得智库和决策部门往往以不公开的方式进行决策咨询，自然也就大大降低了中国智库的总体影响力。

2. 自主性不足是高质量智库缺乏的根本原因

布鲁金斯学会能够成为世界知名智库的主要原因，在于其给予研究人员政策研究的自主性。高质量智库的核心竞争力是高水平的政策研究成果。智库的政策研究和影响渠道建设具有同等重要的地位，并且前者是后者的基础。自主性体现在智库政策研究的学术性以及学术研究应遵循的自由探索和务实求真的科学精神，这是智库产出高质量知识产品的源泉。智库政策研究遵循这一学术精神的自主性，需要智库在不受其他因素影响的情况下，以政策问题为导向，自主地确定研究问题，选择研究方法，发表研究观点。智库政策研究对自主性的遵循，在主观认知的层面与智库研究人员的学术伦理自觉有关；在客观环境的层面则受智库课题研究经费的渠道影响，多元的智库研究经费渠道可以使智库较少受到单一课题经费渠道可能附带条件的影响。社会话语中"专家"到"砖家"的转变，反映出智库及其他研究机构的研究人员就社会热点问题发表观点、进行舆论引导背后的利益影响。从中国智库的经费来源渠道考察，拥有多元化的政策研究经费渠道的智库比较少见。从这个意义上说，进行智库的运营既要为智库研究人员提供充足的经费支持，也要屏蔽经费来源影响。

自主性的不足自然影响到智库的政策研究能力，尤其是研究方法的滞后和对数据积累的忽视，对中国智库产出高质量的研究成果，承担其应有的社会功能产生不可忽视的影响。同时，对智库研究成果的评价过于重视领导批示、参与政府咨询会议等，使得智库政策研究的注意力集中于政府委托的热点项目，而缺乏提出长远性、战略性、前瞻性政策问题的意识和能力，也制约着中国智库的发展。智库应该具有坐"冷板凳"的耐心和能力，致力于政策问题的基础研究、前瞻研究和储备研究，为满足国家战略层面的政策咨询需求做好准备。

3. 决策咨询制度形式化是地方智库区域发展不均衡的重要原因

地方智库发展的普遍滞后同样受上述两个因素的影响，同时地方智库发展环境中最重要的一个因素是决策咨询制度存在形式化问题，这也是地方智库区域发展不均衡的重要原因。尽管中国地方政府已经基本建立了决策咨询制度，很多地方政府成立了决策咨询委员会，但是从实际运作过程看，很多地区在决策咨询中存在"走过场、装门面"的现象。出现这一现象的原因主要在于地方政府领导对决策咨询的重视程度不足和存在认知误区。但是却会对地方智库的良性发展产生重要影响，使得地方智库往往满足于发展现状，甘心作为"决策咨询剧场"（希尔加德纳，2015）的表演者而日渐缺乏竞争意识和创新精神。而且，这些地区本身知识发展水平较低、思想市场不发达，更进一步拉大了和知识发展水平较高地区智库发展水平的差距。因此，地方智库发展区域不均衡还源于地方智库缺乏足够的吸引力吸纳优秀的研究人才。同时，不健全的智库运营管理水平，也难以有效激励研究人员的竞争意识、创新精神。

由此可见，无论是国家智库还是地方智库，智库发展环境的创设和智库发展自主性意识的提升是紧密相连的，并且与多元性共同构成了智库发展环境最重要的三个维度。中国智库发展的多元互补格局已初步形成，鼓励支持民间智库的发展将进一步优化中国智库体系的结构。提供有序竞争的环境和提升智库自主性，成为当前及今后一个时期智库发展的重中之重。

三 中国特色新型智库建设的目标取向

高质量智库缺乏和地区间智库发展不平衡是中国特色新型智库建设面临的两大问题，根据发展中存在的两个基本问题，进行策略设计和优先级选择，需要首先对中国特色新型智库建设进行科学规划。首要的问题是确定中国特色新型智库建设的目标定位。在此，本文按照重要程度和紧急程度对智库发展的目标进行解析。智库的社会功能实现是智库发展的基本目标；高质量智库建设是智库发展"紧急且重要"的目标；推进智库区域均衡发展是智库发展"长远且重要"的目标。

（一）基本目标：智库的社会功能实现

明确中国特色新型智库建设的目标应回归智库的本质及其社会功能，笔者将之归为以下四点：第一，要明确智库在参与决策过程中是政府的"外脑"，既是科学理性的代言人，也是国家和公共利益的代言人（朱旭峰，2014）。因此，智库要以科学理性的精神发现问题、倡导政策议程、提供政策方案、参与优选抉择、监督政策执行、科学进行政策评估，保持决策参与的科学性、客观性和独立性。第二，智库要坚持以国家利益为上，服务国家总体发展战略，研究成果要有利于社会进步、国家发展、民族复兴，并经得起时间的考验。第三，智库要秉持公共精神，尤其是关注社会边缘群体和弱势群体，成为大众心声的代言人，通过调查研究形成报告让决策层了解底层的诉求。第四，智库要积极助力全球化进程中国家软实力的提升，通过国内政策研究和咨询，提升国家经济社会发展决策的科学化、民主化，塑造良好的国家形象，同时积极参与全球性公共问题治理的研讨和国际合作。在处理国际、国内事务方面，国家也应该充分发挥智库的"二传手"作用，推动"二轨外交"（朱旭峰，2007），提升国家在国际事务处理中的主动权和话语权。

（二）紧急且重要的目标：高质量智库建设

高质量智库主要体现为智库思想观点、政策方案的高质量。高质量的思想观点和政策方案是智库影响力得以发挥的基础。但高质量智库和较大的智库影响力并不能画等号，主要因为当下智库影响力评价的因素，并非由智库思想观点和政策方案质量决定。比如关键行动者（思想掮客、政策企业家等）的社会关系网络在一定程度上决定着智库对决策者产生影响的程度，同时智库的知名度也成为影响智库影响力评价的关键因素。可以将关键行动者社会关系网络、智库知名度等因素放置于智库个体的语境。但是，对于国家而言，尤其是将中国特色新型智库建设作为提升国家软实力的战略，应着重从国家层面重视高质量智库建设，突出智库思想产品和政策方案的全球话语权和竞争力。

因此，建设高质量智库，即提升智库思想观点和政策方案的质量和水准，应该成为中国智库发展紧急且重要的目标。在2012年12月举行的中央经济工作会议上，习近平总书记曾经指出："要健全决策咨询机制，按照服务决策、适度超前的原则，建设高质量智库。"这一论述强调的"服务决策、适度超前"对建设高质量智库提出了具体要求。2013年4月，习近平总书记做出关于加强中国特色新型智库建设的重要批示，这一批示指出"智库是国家软实力的重要组成部分，随着形势的发展，智库的作用会越来越大。要高度重视、积极探索中国特色新型智库的组织形式和管理形式"。这个表述首先将智库视为"国家软实力的重要组成部分"，从一个方面说明高质量智库建设的落脚点是提升国家软实力。

对于当前智库建设而言，重要的是积极探索多样的智库组织形式和管理形式，通过创新智库治理结构，提升智库思想观点和政策方案的质量。十八届三中全会提出"加强中国特色新型智库建设，建立健全决策咨询制度"，事实上，笔者更愿意将之表述为"建立健全决策咨询制度，加强中国特色新型智库建设"。智库治理结构的创新和探索是从智库个体或者智库行业来助力高质量智库建设；那么决策咨询制度的建立和健全，主要是从政府决策咨询需求方入手，探索如何通过决策咨询制度创新，为高质量智库建设营造优良的环境。

（三）长远且重要的目标：促进地方智库发展

从国际智库研究的历程考察，学界普遍将智库研究视为一种国家行为，普遍关注对国家经济社会决策服务有较大影响力的智库（之前注释中的国家级智库），较少关注地方智库的发展。近年来，有些学者开始对地方智库的发展开展研究。Teitz（2009）研究了美国州一级政府和地区性政策分析中的智库角色；Wells（2011）以英国为例考察了不同智库对区域发展政策的影响；王莉、吴文清（2013）注意到地方政府治理过程中地方高校智库的运作逻辑。产生这一现象的原因在于：一方面，在政治学、行政学研究领域，关注全国性的政策过程及智库角色的研究更为主流；另一方面，地方智库对区域政策的影响机制和国家层面智库研究在本质上相近，关注国家级智库的影响力更能引起注意。但是，在中国的国家治理体系中，一个重要的特色是"政策试验"。中央政府鼓励地方政府在中央政策的框架下开展本土化的政策创新试验。在此背景下，地方政府必将承担越来越多的政策细化任务。由此，致力于区域政策研究，又熟悉本地政策问题和政策环境的地方智库，必将承担起服务地方政府的重任。

2014年12月2日，习近平总书记在中央全面深化改革领导小组第七次会议上发表重要讲话强调：改革开放在认识和实践上的每一次突破和发展，无不来自人民群众的实践和智慧。要鼓励地方、基层、群众解放思想、积极探索，鼓励不同区域进行差别化试点，善于从群众关注的焦点、百姓生活的难点中寻找改革切入点，推动顶层设计和基层探索良性互动、有机结合。这一表述体现了中央政府、地方政府、基层政府在国家治理体系中、在全面深化改革中合理分工、相互推动、协同对接的重要性。因此，对中国特色新型智库发展目标定位的研究，亟须拓展至"区域比较"的空间范畴，发现中国不同地区智库发展分布格局及其参与模式差异特征，更为重要的是探究地方智库发展模式的影响因素及地方智库之于区域政策影响力的提升路径，推动中国智库的区域均衡发展，促进地方政府治理创新和学习，以形成从中央到地方顺畅的政策体系运行。

国家治理能力现代化主要体现在依法治国、依策治国，根本的共性是各级政府出台政策，具体表现在依法行政的合法性、科学决策的合理性和民主决策的合情性。这里的合情性的"情"，除了中国语境下所谓的"情理"，更有民情、地情，也就是地方、基层政府在政策试点过程中，提升政策水平的主要抓手是促进地方智库的发展，在决策过程中应更多与区域性智库、公民代表进行协商，提升政策试点的科学性和民主性。

四 加强中国特色新型智库建设的对策分析

综合以上分析，我们提出加强中国特色新型智库建设的政策建议。智库的社会功能实现是中国智库发展的基本目标，从目标实现的责任主体考察，这一目标实现的主体主要为中央政府，本文从"统筹协调中国特色新型智库体系、完善决策咨询制度、探索智库组织形式和管理方式"三个维度提出政策建议。建设高质量智库是中国智库发展重要且紧急的目标，《关于加强中国特色新型智库建设的意见》已经涉及国家层面"建设高质量智库"的支持计划。本文将实现这一目标的责任主体定位为智库本身，主要从"加强政策研究方法创新和数据库建设"的维度提出政策建议。促进地方智库发展是中国智库建设的长远目标，这一目标的实现主体是地方政府和地方智库，本文从中国智库垂直关系的准业务系统这一特性角度入手，提出"加强智库合作交流，促进地方智库发展"的政策建议。

（一）明确智库发展定位，统筹协调不同类型智库发展

每个国家选择的智库发展道路与该国历史及发展水平、智库发展的相关制度规范、社会组织成熟程度等紧密相关，中国智库探索和继续完善发展的"中国特色"可以概括为：智库多元化格局下的合理分工。随着十八届三中全会关于"建立健全决策咨询制度，建设中国特色新型智库"和"增强社会活力"等决定的出台，民间智库必将迎来蓬勃发展期，中国智库发展的多元化格局将趋于完善。《关于加强中国特色新型智库建设的意见》提出：统筹协调不同类型智库发展，形成"定位明晰、特色鲜明、规模适度、布局合理"的中国特色新型智库体系。从三大类型智库的竞合关系考察，高校下设智库应侧重于基础学术研究、兼具服务决策；事业单位型智库因其挂靠政府机构应主要致力于服务决策、

兼具应用型学术研究；民间智库则呈现灵活性、多样性、针对性的特点。三类智库间既在决策咨询市场上呈竞争态势，又在某种程度上以各种形式实现合作，形成中国智库多元、分工、互补的发展格局。同时，智库参与的协商性和中国政策试点形成的政策试验场，将为智库多元化格局下的分工互补提供更为广阔的发展空间。

（二）完善决策咨询制度，创设有序竞争的发展环境

优化智库发展环境是政府促进中国特色新型智库建设的重要职能所在，也是建设中国特色新型智库的基础保障。智库发展环境的改善和优化，重点是为智库发展创设公平竞争环境，给予民间智库与官方智库、事业单位型智库、高校下设智库在政策分析市场上同等的竞争地位。政府创设有序竞争环境的主要抓手是完善决策咨询制度。智库高质量的政策研究和咨询的一个重要指标是独立性，能够中立于政府和其他政策参与主体，做出理性、科学的判断。而政策研究的中立性除智库研究人员的学术追求和伦理规范外，主要受智库发展资金的影响。多元化的智库资金来源更有利于智库政策研究中立性的形成。通过政府设立智库发展基金、减免税收鼓励社会捐赠等方式拓宽智库资金来源渠道，提升智库资金利用效率，才能为多元类型智库提供公平竞争的可能性。同时，政府应从立法的角度保障智库参与决策咨询的制度化、法制化，促进智库有序、高效参与政策过程，畅通智库参与决策咨询渠道，创设宽松的舆论环境。对于智库的国际化和国际影响力提升，政府应鼓励智库扩大国际影响力、培育智库全球意识、促进智库国际交流、增强智库的国际交往能力。

（三）创新智库组织形式和管理方式，推进智库体系发展

从国家的层面探讨中国智库体系的整体规划，统筹协调智库体系发展，离不开对不同类型智库的组织管理。本文建议成立专门的机构承担智库发展的规划、指导、协调和监督等功能。首先，参考国际智库发展的经验，建议国家设立组织、协调、管理智库建设的办事机构，负责联

系、协调、指导智库行业协会,做好智库发展统计数据的搜集、整理、利用和制订中国智库的总体发展规划,并对中国智库的发展进行适度指导,尤其可以在加强智库间合作交流、创设智库发展环境等方面发挥支持和协调作用。基于机构精简的原则,该机构可以挂靠或隶属于国务院参事室。其次,智库关联机构应指导各类智库成立智库行业协会。强化智库体系作为一个行业、产业体系的自治能力,通过同行共治、同行评价引导智库规范发展,通过行业协会这一平台举办各类学术及其他活动,加强合作实现信息共享,做好统计评价,发挥互相监督等作用。

(四) 加强智库政策研究方法创新和数据库建设

高质量智库思想产品和政策方案的产出,取决于政策研究方法创新和智库研究所需信息数据的支撑。尽管存在着政策领域的差别,但是方法和数据无疑是政策研究两个重要的支点。关联政策研究方法和数据的一种政策分析理念是循证政策制定(Evidence-based Policy Making),也即基于证据的政策制定(Young et al., 2002)。这一理念强调有哪些证据存在及其如何影响政策制定,强调基于现有资源的优化配置,强调民众意见、舆论观点如何整合成为科学、客观的证据进入政策制定,强调证据的积累、变化与政策系统的动态演进。因此,基于证据政策制定的政策分析更为重视政策研究数据库的建设。从统筹和协调不同类型智库发展的维度,推进智库政策研究和数据库建设工作,应把握不同类型智库在政策研究方法和数据库建设方面的优势。高校智库在此方面具有显见的优势,尤其是对政策分析方法前沿的把握、跟踪;而体制内智库和事业单位型智库无疑对政策研究相关数据的掌握具有优势。民间智库的灵活性更易于将二者统合起来,吸收来自高校及其他智库的研究人员组建研究团队,并和政府及体制内智库在数据库建设方面展开合作。作为学术、政策共同体的智库应提升自身政策方法创新能力,引进具有国际学术规范、契合中国实际需要的高水平政策分析人才。政府应加大力度支持智库发展所需的信息基础建设,支持智库加强自身数据库建设,并探索和政府非涉密数据的合作开发和共享机制。

（五）探索智库间的纵向合作交流机制，促进地方智库发展

不同组织背景和政策研究专长的智库间的关系可以概括为多元互补，这一关系实质上是从横向维度考察智库间关系。由此也引出纵向维度智库间关系研究的议题。中国智库体系中体制内的政策研究室、事业单位型智库中的政府发展研究中心和社科院、科学院、各种专业性的研究学会，存在一种"准垂直业务系统"的纵向合作交流关系。比如国务院发展研究中心和各省市政府发展研究中心，中国社科院和各省市社科院。这一关系尽管不像中国行政体制中的"职责同构"和"对口管理"那样关联紧密。但在其日常运作过程中，这些智库间存在一定的业务关系和合作交流（朱旭峰、韩万渠，2015）。这个特点是西方其他国家所不具备的。因此，加强智库间纵向合作交流，为解决地方智库发展水平较低的困境找到了可能的路径。

智库间纵向合作交流机制的探索，可以通过选拔地方智库研究人员到国家级智库访问学习（攻读博士学位或从事博士后研究工作）、挂职锻炼、课题合作等方式进行；也可以选拔国家级智库的首席专家、研究团队负责人或专门负责智库运营管理的人才到地方智库担任领导职务，通过这些关键人物"介入"地方智库发展，提升地方智库政策研究水平和运营管理效能。这种合作交流还可以更广泛和深入地拓展至同一业务系统的智库网络建设，形成政策研究机构结合而成的智库网络共同体，通过召开共同体工作联系研讨会、举办研习培训班、展开合作课题攻关等方式，加强同一系统内及各系统智库间的合作交流。

参考文献

朱旭峰，2009，《中国思想库：政策过程中的影响力研究》，清华大学出版社。

薛澜，2014，《智库热的冷思考：破解中国智库发展之道》，《中国行政管理》第 5 期。

McGann, James G.. 2014. "The Global Go to Think Tanks Report (2013)." Philadelphia: University of Pennsylvania: Think Tanks and Civil Societies Program.

上海社会科学院智库研究中心，2014，《2013年中国智库报告——影响力排名与政策建议》，上海社会科学院网站。

朱旭峰、韩万渠，2014，《中国智库建设：基于国际比较的三个维度》，《开放导报》第4期。

希尔加德纳，斯蒂芬，2015，《在科学的舞台上：作为公共戏剧的专家咨询》，赵延东译，上海交通大学出版社。

朱旭峰，2014，《构建中国特色新型智库研究的理论框架》，《中国行政管理》第5期。

朱旭峰，2007，《国际思想库网络——基于"二轨国际机制"模型的理论建构与实证研究》，《世界经济与政治》第5期。

Teitz, Michael B.. 2009. "Analysis for Public Policy at the State and Regional Levels The Role of Think Tanks." *International Regional Science Review* 32: 480 – 495.

Wells, Peter. 2012. "Prescriptionsfor Regional Economic Dilemmas: Understanding the Role of Think Tanks in the Governance of Regional Policy." *Public Administration* 3: 211 – 229.

王莉、吴文清，2013，《地方高校智库建设的逻辑分析——基于地方政府治理模式创新的探讨》，《清华大学教育研究》第12期。

Young, K., Ashby, D., Boaz, A., et al.. 2002. "Social Science and The Evidence – based Policy Movement." *Social Policy and Society* 3: 215 – 224.

朱旭峰、韩万渠，2015，《合作互动：区域发展规划政策过程中的智库参与》，《行政管理改革》第3期。

The Construction of New Think Tanks with Chinese Characteristics: Dilemma, Goal and Countermeasure Analysis

Zhu Xufeng Han Wanqu

Abstract: The construction of the new Think Tanks with Chinese characteristics has become an important strategic measure to promote the modernization of national governance system and governance capacity. There exist problems in the development of Chinese Think Tanks, such as the low influence, the lack of high quality Think Tanks, and the imbalance of regional development. The government should adhere to the basic goal of the development of Chinese Think Tanks, and promote the construction of high quality Think Tanks and local Think Tanks synergy. The article provides policy recommendations as follow: integrating and coordinating the development of different types of Think Tanks, creating orderly competition environment, innovating Think Tanks' organizational forms and management modes, strengthening the method innovation of policy research and the construction of research database, and exploring the mechanism of cooperation and communication between longitudinal Think Tanks. These measures can advance the development of Chinese Think Tanks orderly and healthily for the realization of social functions of Chinese Think Tanks.

Keywords: Think Tanks, International Comparison, Autonomy, Local Think Tanks

（责任编辑：蔡继辉）

中国社会智库发展模式及功能：
以察哈尔学会为例[*]

钟　新　周奕凤[**]

摘　要：在快速发展的当今中国，智库对强化决策科学化、民主化、提升国家治理能力意义重大，因而智库建设十分重要且紧迫。《关于加强中国特色新型智库建设的意见》的出台将从政策上驱动智库的发展，中国智库也日益成为重要的社会行为体甚至国际社会行为体，其中，社会智库的力量在逐渐显现，也同时面临发展难题。本文以创办于2009年的察哈尔学会为例，探讨中国社会智库发展模式及功能。研究发现，多元主体合作是察哈尔学会扩大影响、不断发展的重要模式；多元主体合作的模式不同程度地发挥了咨政建言、理论创新、舆论引导、社会服务、公共外交的功能；同时，经费来源单一且不足、机构对人才的吸引力不足是当前面临的发展难题。尽管如此，察哈尔学会仍然致力于发展成为有一定国际影响力的智库。

关键词：社会智库　察哈尔学会　多元合作　公共外交

察哈尔学会是中国第一个非官方的外交与国际关系智库，成立于2009年10月，是一家由民间资本成立的非官方、无党派、独立思想库。

---

[*] 本文为北京市哲学社会科学规划项目"公共外交视野下'中国梦'的国际传播研究"（项目批准号：13ZHA026）的阶段成果。

[**] 钟新，中国人民大学新闻学院教授、新闻与社会发展研究中心研究员；周奕凤，中国人民大学新闻学院硕士研究生。

察哈尔学会以"公共外交"为主要研究领域，致力于成为具有国际影响力的中国独立思想库。创立5年多的时间里，察哈尔学会快速发展，目前已成为中国公共外交研究领域的核心机构之一，有力地推动了中国公共外交的理论研究与实践。根据零点研究咨询集团下属的零点国际发展研究院与国务院新闻办公室下属的国家重点新闻网站中国网联合发布的《2014中国智库影响力报告》，察哈尔学会名列民间智库第六位，是上榜的最年轻的民间智库[①]。察哈尔学会创建时间短、发展速度快、社会影响力大，在中国大力推动新型智库建设的大背景下，研究作为社会智库的察哈尔学会发展模式具有较强的实践与理论意义。

一 新型智库建设：背景、意义与中国智库现状

智库作用与智库建设近年受到政府高层高度重视。2012年11月，党的十八大报告明确提出："坚持科学决策、民主决策、依法决策，健全决策机制和程序，发挥思想库作用。"2013年4月，习近平总书记首次提出建设"中国特色新型智库"的目标，将智库发展视为国家软实力的重要组成部分，并提升到国家战略的高度。2013年5月，国务院副总理刘延东专门召开座谈会，提出要建设中国特色新型智库；2013年11月十八届三中全会审议通过《中共中央关于全面深化改革若干重大问题的决定》提出要加强中国特色新型智库建设，建立健全决策咨询制度。

加强新型智库建设是中国适应国内发展阶段和国际复杂局势的迫切需要。2015年1月20日，中华人民共和国中央人民政府网公布了中共中央办公厅、国务院办公厅印发的《关于加强中国特色新型智库建设的意见》（以下简称《意见》），对中国特色新型智库建设提出了新的要求。

---

① 《最新十大智库排行出炉，新型智库风头很劲》，中国网"智库中国"，http://www.china.com.cn/opinion/think/2015 - 01/15/content_34570513.htm. David Ronfeldt and John Arquilla, What If There Is A Revolution in Diplomatic Affairs? United States Institute of Peace, 25 February 1999. http://www.usiporg/virtualdiplomacy/publications/reports/ronarqISA99.html, 2015年1月15日。

《意见》指出加强新型智库建设的三大意义：第一，中国特色新型智库是党和政府科学民主依法决策的重要支撑……当前，全面建成小康社会进入决定性阶段，破解改革发展稳定难题和应对全球性问题的复杂性、艰巨性前所未有，迫切需要健全中国特色决策支撑体系，大力加强智库建设，以科学咨询支撑科学决策，以科学决策引领科学发展。第二，中国特色新型智库是国家治理体系和治理能力现代化的重要内容。纵观当今世界各国现代化发展历程，智库在国家治理中发挥了重要的作用，并日益成为国家治理体系中不可或缺的组成部分，是国家治理能力的重要体现。第三，中国特色新型智库是国家软实力的重要组成部分。智库是国家软实力的重要载体，越来越成为国家竞争力的重要因素，在对外交往中发挥着不可替代的作用。

国际关系与外交领域迫切需要智库的贡献。2013 年 7 月 6 日，时任外交部副部长傅莹在清华大学举行的"2013 年政治学与国际关系学术共同体年会（第六届）"开幕式上发表题为"中国智库的时代责任"的主题演讲，指出，今天的世界，最突出的感觉就是一个"变"字。而中国，则处在变化的中心。国际权力不再集中于传统的西方大国，被较为广泛地认为在从"西方"向"东方"转移，向更广泛的领域和方向扩散。在变化的世界中，智库服务于外交有三个着力点：第一，智库要与决策机构建立起良性的互动关系，研究国际问题需要贴近外交现实和需求；第二，智库要聚焦中国在国际问题上面临的重大课题；第三，智库要坚持自己的公共属性和社会责任，增强向中国社会乃至国际社会提供公共产品的意识和能力。[①] 傅莹的演讲提出了几个重要议题：变化中的世界需要中国贡献更多支持力量，如何更有效、有价值地提供支持需要研究；变化中的世界需要中国学习适应变化，如何适应也需要研究；智库可以在外交和国际关系领域大有作为，但中国智库还较为稚嫩，智库

---

① 清华大学当代国际关系研究院：《傅莹在 2013 年政治学与国际关系学术共同体年会上发表主题演讲》，http://www.tsinghua.edu.cn/publish/iis/7215/2013/20130715152910075494453/20130715152910075494453_.html，2013 年 7 月 15 日。

的发展需要社会的支持。

中国智库面临诸多发展中的问题，还处于初级阶段。《意见》指出，智库建设跟不上、不适应的问题也越来越突出，主要表现在：智库的重要地位没有受到普遍重视，具有较大影响力和国际知名度的高质量智库缺乏，提供的高质量研究成果不够多，参与决策咨询缺乏制度性安排，智库建设缺乏整体规划，资源配置不够科学，组织形式和管理方式亟待创新，领军人物和杰出人才欠缺。傅莹还在演讲中指出，目前，中国智库在世界上的声音还是比较稚嫩的，实力和人才尚处在成长的过程中。由于统计口径原因，中国智库数量还没有一个统一的数字。根据宾夕法尼亚大学"智库和公民社会研究项目"（TTCSP）2015年1月发布的《全球智库报告2014》，中国智库总数为429家，居世界第二位，而美国拥有1830家智库。不过，"比较了解中国智库发展状况的专家"的估计是，中国智库在全国范围内有2000家以上。科技部2011年组织开展的最近一次《全国软科学研究机构统计调查报告》显示，中国共有各类型软科学研究机构2408家（朱旭峰，2014）。宾夕法尼亚大学的《全球智库报告2014》将所统计的机构分为"自治的""准自治的""高校隶属的""政党隶属的""政府隶属的""准政府隶属的"六类。中国公共管理学者薛澜、朱旭峰（2006）将中国思想库分为四类：事业单位法人型思想库；企业型思想库；民办非企业单位法人型思想库；大学下属型思想库。

社会智库作为智库的重要类别正式进入中国官方文件。按照以上两个分类方法，社会智库当属于"自治的""准自治的""民办非企业单位法人型思想库"。《意见》首次提到了"社会智库"的概念，不再使用"民间智库"一词。《意见》提出："社会智库是中国特色新型智库的组成部分。"[1] 上海社会科学院智库研究中心于2015年1月发布了《2014年中国智库报告——影响力排名与政策建议》。报告显示，从中国活跃

---

[1] 《关于加强中国特色新型智库建设的意见》，新华网，http://news.xinhuanet.com/zgjx/2015-01/21/c_133934292.htm，2015年1月21日。

智库的类别特征看，2014年中国社会智库有89个，仅占智库总数的37%。从影响力角度看，只有"中国（海南）改革发展研究院"作为社会智库跻身综合影响力前十位，排名第10；分项影响力排名中，决策影响力、学术影响力、媒体影响力、公众影响力、国际影响力的前五名均没有社会智库上榜。从总体上看，中国智库呈现高校智库和党政军智库相对较强、社会智库相对较弱的现状。[①]

二 察哈尔学会的创立及其"社会智库"定位

察哈尔学会于2009年10月由全国政协外事委员会副主任韩方明博士创办于河北省张家口市尚义县，并在上海市、广州市设办公室，取其发源地"察哈尔牧场"之名，定名"察哈尔学会"。"察哈尔"一词在中国外交史上有着特殊的地位。察哈尔省是"中华民国"时期华北地区的一大省，在"中华民国"外交史上有着突出地位：省会张家口市有五到六家外国领事馆，十几家外国银行，一千多家外国公司。作为民国时期的北部对外交通要道，察哈尔省与俄罗斯、蒙古国、朝鲜、日本及美国等有较频繁往来；其次，"中华民国"政府彼时便已在察哈尔地区设立首个特别行政区——察哈尔特别行政区，"中华民国"首个特派员办事处、特派员公署及中国第一份英文报纸均诞生于察哈尔省。[②] 此外，察哈尔省因其特殊地理位置，呈现汉族、蒙古族、满族等多民族、多元文化融合的特色。因此，"察哈尔"一词蕴涵着深厚的地方外交、公共外交内涵。

察哈尔学会是中国第一个外交与国际关系类社会智库，也是公共外交领域有较大影响力的智库之一，致力于"打造一个具有国际影响力的中国独立思想库"。察哈尔学会这样阐述其自我定位：为政府的重大外交决策提供政策建议和创新思想，影响政策和舆论；为政府、研究机构、

[①] 资料来源：上海社会科学院智库研究中心《2014年中国智库报告——影响力排名与政策建议》，2015年1月。

[②] 数据来自察哈尔学会秘书长柯银斌2015年1月23日接受本文作者专访。

企业、社会公众之间构建一个沟通、交流的平台；协助决策者增强对国际发展趋势的理解，有效地应对不断变化的国际关系，增强世界各国之间的互相理解，加强在政治、经济和社会问题上的国际对话与合作。①从中可以看出，察哈尔学会始终以协助政府决策、提供创新思想、提供决策建议为基本责任。与此同时，学会还致力于搭建沟通平台，不仅为政府服务，也连接政府、企业与民众，减少隔阂，促进各界交流；此外，学会正不懈致力于加强国际交流，以邀请国外专家参会、与国外智库合作研究等方式增强国际影响力，促进智库的跨国合作。

三 察哈尔学会创立五年多的发展模式：与多元主体合作

在当前社会智库力量相对薄弱的情况下，察哈尔学会在初创的短短五年多能成为公共外交研究的核心机构之一，与其发展模式密不可分。学会采取"多元主体合作"为主导的发展模式，广泛同各种机构开展多种形式的合作。据察哈尔学会秘书长、高级研究员柯银斌介绍，学会每年举办约23场活动，目前99%的活动是与其他机构合作开展的。这种合作共赢的模式让学会迅速整合资源，通过参与的一系列会议和活动打造了察哈尔学会的"公共外交"品牌，以较快的速度拓展了影响力和关注度，并产生了口碑效应。学会同其他机构和单位开展合作的形式主要有以下几种。

（一）与全国政协外事委会合作创办《公共外交季刊》

察哈尔学会的创立离不开全国政协外事委员会的支持。2009年11月，全国政协外事委员会希望发展公共外交，并创办一份专业的公共外交期刊。全国政协外事委员会副主任韩方明博士积极推动，最终以全国政协外事委员会为主办单位，察哈尔学会为承办单位，外交学院为支持

---

① 《察哈尔学会"学会简介"》，http://www.charhar.org.cn/newsinfo.aspx? newsid = 1692, 2010年12月17日。

单位，共同创办了中国第一本公共外交专业期刊——《公共外交通讯》，并自第二期改名为《公共外交季刊》。《公共外交季刊》主编为全国政协外事委员会主任赵启正。全国政协外事委员会副主任韩方明为副主编，察哈尔学会秘书长柯银斌担任编辑部副主任并组建编辑团队，进行稿件筛选、编辑、排版和发行。《公共外交季刊》创刊号于2010年3月发行。该刊旨在关注并分析国内外公共外交走势和动态，就公共外交问题开展多方位、多角度的讨论，一方面从理论上加强公共外交的研究，另一方面希望对中国开展公共外交起到引导和规范作用，并为各级政府相关部门提供决策参考。

察哈尔学会与全国政协外事委员会的合作开辟了智库思想产品生产的"官民合作"模式，极大地推动了中国公共外交事业的发展，对学会初创时期迅速获得公共外交领域的重视起到了不可低估的作用。全国政协原主席贾庆林先后三次在讲话中提到了《公共外交季刊》，并将其创办视作"人民政协公共外交的理论研究和实践之一"，[①] 服务于国家的总体外交策略。察哈尔学会借全国政协推进公共外交的东风，找准了自身定位，并迅速提高了自身影响力。

（二）与国内多元主体合作举办系列研讨会

除与政府部门合作之外，察哈尔学会还与高校、企业、各类NGO团体、媒体等开展了多种形式的合作。具体内容如下。

1. 察哈尔公共外交年会

察哈尔学会现已形成了以察哈尔公共外交年会为主、辅以五个年度性活动及其他不定期活动的活动开展格局，讨论公共外交前沿话题，为中国公共外交发展献计献策。[②] 察哈尔公共外交年会为学会最重要的品牌性活动，也是学会与其他智库、媒体、企业开展合作的最主要的活动。

[①] 《贾庆林说，积极拓展对外交流合作》，新华网，http://www.china.com.cn/international/txt/2013-02/27/content_28076268.htm，2011年3月3日。

[②] 数据引自察哈尔学会秘书长柯银斌2015年1月23日接受本文作者专访。

自 2010 年，察哈尔公共外交年会先后在上海市、广州市、张家口市、北京市、东阳市共举办 5 届。2011 年起察哈尔学会每年与南方报业集团合作主办年会。中国公共外交协会、中国人民外交学会、中国和平发展基金会等单位为年会的合作单位；年会选择最前沿的公共外交话题作为主题，邀请政界、学界、商界、媒体以及其他各界人士以不同的专题论坛形式展开讨论，为公共外交专家学者搭建平台进行交流对话。以"察哈尔公共外交年会东阳 2014"为例，年会主题为"新亚洲新外交"，分论坛选择"'一带一路'与周边外交""孟中印缅经济走廊与公共外交"为议题，讨论中国特色新型大国关系的构建与中国周边外交。年会邀请中外专家、学者共同研讨新亚洲的发展趋势和前景，话题充满时代色彩，富有前瞻性。

2. 与高校合作开展学术研究及活动

高校是国内学术人才培养的基地。智库与高校合作举办学术研讨会，不仅能扩大活动受众面，吸引高校教师及学生群体参与活动，获得更多智力支持，同时也可以通过活动在学校的组织和开展增强智库、活动和议题的传播效果，引起师生对议题的重视，并提高智库在新一代研究主体中的影响力和权威性，不失为一种高效的活动开展方式。察哈尔学会每年定期与高校共同举办相关公共外交学术活动。仅以 2014 年为例，6 月 21 日，学会与外交学院共同主办"首届公共外交地方—高校论坛"。与会近 80 名学者共同探讨中国城市公共外交的未来发展。2014 年 11 月 15～16 日，察哈尔学会与北京大学国际关系学院合作举办第七届"全国国际关系、国际政治专业博士生学术论坛"，就公共外交与公共产品问题进行学术讨论。除主办学术活动外，学会还积极以参会者身份参与在北京外国语大学、南京大学、云南大学等各个高校开展的公共外交学术交流并发言，提升自己在公共外交领域的影响力。

3. 与企业合作

作为非官方的社会智库，察哈尔学会的日常运营需要自负盈亏，因而寻求资金支持对学会的正常运转以及影响力发挥尤为重要。目前已有

6家企业与察哈尔学会达成合作关系，为学会开展研究提供资金支持。2012年12月，察哈尔学会与华通明略公司共同开发了"察哈尔—华通明略"国家形象调查平台，每年对中国国家形象展开调查，并出版《中国国家形象调查报告》，至今已是第三年。企业资助、学会产出的方式实现了共赢。察哈尔学会还在积极寻求与更多企业合作。

（三）与国外多元主体合作举办系列会议

智库影响力不仅体现在国内，也体现在其参与的国际交流活动以及与国外智库的合作方面。作为外交与国际关系类智库的察哈尔学会，因其研究领域的特殊性，开展国际交流与合作尤为重要。目前，察哈尔学会已与12家国外智库建立了合作关系并开展定期交流合作，其中不乏美国布鲁金斯学会、南加大公共外交研究中心等国际一流智库。[①] 此外，学会还采取与这些国外智库共同主办会议的方式，为国内外公共外交学者提供交流与成果共享平台。2014年9月18日，察哈尔学会与韩国国际文化交流研究院共同主办了"奥运与和平"公共外交和平对话，探讨公共外交的和平使命。同年10月31日，察哈尔学会与德国对外文化关系协会、荷兰国际关系研究所和博时基金会共同主办了2014年公共外交国际论坛，以"城市外交的实践与探索——中欧对话"为主题，探索城市外交新领域。

（四）与地方公共外交协会合作

城市外交是中国公共外交研究的新领域，也是提升中国国家形象、推进公共外交实践发展的基础环节和实践前沿。智库同地方公共外交协会合作，有助于扩大其地方影响力，实现自下而上的品牌效应。目前全

---

① 12家智库分别为：卡内基国际和平研究院、德国康拉德·阿登纳基金会、美国兰德公司、美国卡托研究所、美国美中关系全国委员会、美国约翰·霍普金斯国际研究院、美国布鲁金斯学会、美国传统基金会、美国尼克松中心、美国外交政策研究所、荷兰国际关系研究所、美国南加大公共外交研究中心。来自察哈尔学会官网，http://www.charhar.org.cn/。

国范围内共有 8 个地方公共外交协会，从事城市公共外交活动与研究。察哈尔学会走在了城市公共外交研究的前列，同这些学会开展了良好的合作。合作形式主要有两种：其一，撰写地方公共外交案例。到目前为止，察哈尔学会已与温州市、西宁市、扬州市的公共外交协会签署了合作协议，受这些城市委托撰写地方公共外交案例。其二，察哈尔学会于 2013 年 9 月 2 日发布了《地方公共外交工作分析评估报告》，对全国 47 个省市的公共外交工作开展进行了详细地评估与分析，并提出了相应的建议与规划，为地方的公共外交开展提供了理论指导。

四 察哈尔学会的人员组织模式分析

察哈尔学会主要采取较小规模常设管理人员和较大规模兼职研究员模式组织学会工作所需要的人力资源。

（一）小规模全日制管理人员制度

察哈尔学会创办之初只有两三名工作人员，现有 7 名工作人员，负责学会活动的组织协调、日常行政与人员管理。创立初期，察哈尔学会与其他机构合作举办活动，人员需求相对较小。随着规模扩大和影响力提升，学会工作量日益增加，7 人的力量相对不足，人员紧缺。为解决这些问题，学会目前正准备招聘更多有英语、国际关系、国际传播背景的管理人才，确保学会正常高效运转。

（二）较大规模兼职研究员制度

《关于加强中国特色新型智库建设的意见》对中国特色新型智库的标准进行了规定，其中包括"具有一定影响的专业代表性人物和专职研究人员"。社会智库的专职研究员制度将学者与智库联结到一起。智库提供的平台有利于提升学者的学术能力，而学者可以以其资历提高智库的影响力，作为专职研究员还可以提高智库思想产品的质量。二者可以实现互利共赢。

专职研究员制度依赖于智库有充足的资金。在资金无法支撑专职研究员岗位时，引进兼职研究员则成为务实之举。察哈尔学会现有高级研究员 22 人，研究员 51 人，均为兼职研究员。① 与专职研究员制度相比，察哈尔学会的兼职研究员制度有独特的优势。察哈尔学会的专职研究员都是国际关系、国际传播学科下某个领域的专家。学会开展研究并决策的过程本质上是将这些领域的观点进行跨学科的综合，且学科的组合并不固定。兼职研究员制度可以在较大程度上确保人员组合的灵活性，实现项目与课题中研究员的灵活组合，支付给专职研究员的定额费用也可改为按项目需要在全国乃至全世界范围聘请访问学者开展合作研究，由此人员费用支出大大减少，管理也相对简单，且可以促进学会的国际交流。

五　对话与倡导：察哈尔学会发挥的主要功能

《关于加强中国特色新型智库建设的意见》在新型智库建设的总体目标中首次提出了中国新型智库的五大功能，即"咨政建言、理论创新、舆论引导、社会服务、公共外交"，将智库功能定位提升到了新的高度。察哈尔学会作为国内外交与国际关系领域有影响力的社会智库，在系列研究与实践开展中充分发挥了其功能。

（一）理论创新：提供公共外交思想产品

理论创新，就是不断在实践中找到新的理论突破口，创造性地提出新概念、新思想，并进而推动和指导实践的发展。决策者往往更加注重实践，实践基础催生新的理论支持需要时，智库将发挥重要作用，就是提供新的思想产品，为决策者提供实践的理论依据，保证决策的科学性，这也是理论创新最基本的形式之一（王莉丽，2012）。智库依托其智库

---

① 资料来源：察哈尔学会官方网站"研究团队"专栏，http://www.charhar.org.cn/research.aspx。

人才的智力支持，不断提出当前政策制定中存在的被边缘化和忽视的理论问题并加以阐释，进而推出新的著作、理论，推动社会的理论突破，并进一步指导实践的发展。这体现了智库发展的前瞻性。

社会智库作为智库发展的一种重要形式，同样发挥着重要的理论创新功能。察哈尔学会以"公共外交"为研究领域，始终将"前瞻性、影响力、合作共进"作为学会发展的理念与原则，不断提供各种形式的有关公共外交的前沿思想产品，推动理论创新。

察哈尔学会的理论创新主要体现在《公共外交季刊》的专题研究创新。"助力于中国公共外交"是《公共外交季刊》的使命。自创刊至今，《公共外交季刊》已出版20期，从第二期开始每期开辟不同专题进行公共外交理论与实践探讨。创刊以来《公共外交季刊》的研究专题见表1。

表1 《公共外交季刊》创刊以来研究专题一览[①]

时　间	专　题
2010年夏季号	上海世博会与公共外交
2010年秋季号	政协公共外交
2010年冬季号	网络外交
2011年春季号	中国国际形象
2011年夏季号	跨国公司公共外交
2011年秋季号	文化交流与公共外交
2011年冬季号	中国对东南亚国家公共外交
2012年春季号	中国人的国际形象
2012年夏季号	留学生与公共外交
2012年秋季号	中国共产党的对外交往
2012年冬季号	侨务公共外交
2013年春季号	城市外交
2013年夏季号	企业公共外交
2013年秋季号	"中国梦"与对外传播

① 资料来源：察哈尔学会《公共外交季刊》，http://www.charhar.org.cn/jikan.aspx。

续表

时　间	专　题
2013 年冬季号	智库与公共外交
2014 年春季号	中国周边公共外交
2014 年夏季号	中国文化与中国国际形象
2014 年秋季号	孔子学院公共外交
2014 年冬季号	丝绸之路公共外交、宗教外交
2015 年春季号	军事与公共外交

从表 1 可以看出，《公共外交季刊》的内容主题较为全面而多样。《公共外交季刊》讨论公共外交话题主要有三种类型：其一是就各类外交的主体或机构所开展的公共外交开展研究，如政协公共外交，跨国公司、留学生、侨务公共外交，城市外交，孔子学院公共外交等；其二是就重要活动或国家战略的公共外交开展研究，如"中国梦"与对外传播、丝绸之路公共外交、上海世博会与公共外交等主题；其三是对不同地区或国家公共外交进行研究，如中国对东南亚国家公共外交、中国周边公共外交等。

《公共外交季刊》的研究主题极富开创性，能把握热点的公共外交话题，触及公共外交研究前沿。以"城市外交"为例，察哈尔学会在 2013 年春季号刊登了 6 篇文章，率先提出"城市外交"概念，从城市外交的理论、城市的国际角色、中国城市外交的现状及城市外交案例分析等角度进行了全面的呈现。2014 年 5 月，国家主席习近平在中国人民对外友好协会 60 周年的活动中首次提到了"城市外交"，并将其作为协会的重要工作之一[①]，"城市外交"一词也因此获得了决策层的首肯。在这个意义上，察哈尔学会引领了公共外交领域的议程设置，对公共外交新领域的把握极具洞察力并保持了前瞻性。学会还积极开展企业外交。目

---

① 资料来源：《在中国国际友好大会暨中国人民对外友好协会成立 60 周年纪念活动上的讲话》，人民网，http://politics.people.com.cn/n/2014/0516/c1024-25023611.html，2014 年 5 月 16 日。

前，察哈尔学会已选定"城市外交、企业外交、宗教外交"作为其公共外交研究的三个主要方面。

除《公共外交季刊》外，察哈尔学会还针对不同类型的受众创办不同类型的杂志。比如有面向公共外交决策者和实践者的电子月刊《察哈尔快讯》，有面向大学生、研究生的教科书《公共外交概论》，以及面向研究机构和人员的"察哈尔公共外交丛书"。学会不断推出多种类型风格的思想产品，以满足不同受众群体，推广公共外交的新思想。

（二）舆论引导：各类会议设置公共外交议程并倡导对话

智库所提供的思想产品还可以扩展决策者和公众的视野范围。"在媒体获得了思想库所提供的公正的专家理性观点而更具有说服力，思想库则获得研究成果的媒体发布渠道而更具有大众影响力。思想库与媒体这种自发的相互依赖关系将成为一股强大力量，并进入政策决策者的视野"（薛澜、朱旭峰，2009）。智库发挥作用的方式，一方面是提供高质量、多样化的智力产品，指导公共外交政策和实践，另一方面则是通过主办或合办一系列会议，设置会议相关领域议题，并邀请学界知名人士就新话题、新现象展开讨论，进行交流对话，提高智库在各自领域的权威性和话语权，并将其研究带向学科前沿。

开展各种形式的会议是察哈尔学会举办活动的重要部分之一。除前文提到的察哈尔学会公共外交年会以外，学会还有五个年度性活动："公共外交国际论坛""察哈尔和平对话""和平学国际研讨会""全国国际关系、国际政治专业博士生学术论坛"和"公共外交地校论坛"，以主办或联合主办的方式开展公共外交讨论。以"全国国际关系、国际政治专业博士生学术论坛"为例，察哈尔学会自2011年第四届起便作为联合主办单位参与国际关系与国际政治学术研究会议的组织与传播，论坛就全球公共问题、变革世界中的中国与世界关系等系列国际关系问题开展了学术讨论。除五个年度性活动外，察哈尔学会还不定期举行"察哈尔圆桌会议"，针对公共外交的不同话题开展小范围学术讨论。这些活动均邀请各大媒体参会并报道，传播国际关系与公共外交话题，提高了公众对国际关系与公共外交议题的认知，引导公众了解并参与公共外交活动。

（三）社会服务：向公众介绍国内外优秀文化普及公共外交

智库发挥作用的方式不仅体现在影响政府的政策制定，也体现在向社会传达信息，"影响社会、教育公众，与各大媒体建立良好的信息传播机制，通过大众传媒影响世界，并重视互联网和各种新兴媒体力量"（王莉丽，2015）。社会智库在这一方面更是有独特优势，以非官方条件和多样化的研究员背景，传达的信息更容易被公众接受。因此，社会智库可以充分发挥优势，举办多种形式的文化活动，向公众介绍优秀的国内外文化，丰富公众的文化生活，从而提高公民整体素养。

察哈尔学会作为外交与国际关系类领先的社会智库，在提供社会服务方面也做出了许多努力。2013年12月，察哈尔学会与韩中佛教文化交流协会等机构一同承办了韩国大型史诗音乐剧《双花别曲》的中国巡演，演出历时1个月，在深圳市、海口市、广州市三个城市引起了观众的广泛好评，促进了中韩佛教文化的交流。此外，学会还积极开展媒体宣传和自媒体运营。截至2014年底，察哈尔学会已开通官网、微信公众号、官方微博、凤凰博客、优酷视频等自媒体渠道，帮助公众了解公共外交。

（四）咨政建言：向有关部门提供内参及研究报告

智库又名"思想库"，向政府和社会提供思想产品，并"主要以影响政府的决策为首要目标"（李安方，2010）。因而"咨政建言"是智库的根本属性之一，也是基本功能所在。中国智库研究专家薛澜（2014）认为："智库可以发挥政府理性决策外脑的职能，对政府面临的公共政策难题进行相对独立的、科学理性的分析，并提出各种备选方案，供决策者选择"。智库本身并没有任何行政权力，而是通过其生产的思想产品优化行政系统的决策，进而产生社会影响力。在咨政建言方面，社会智库相比官方智库有明显的先天劣势，影响力相对较小。然而社会智库具有更高的开放性，能吸纳社会上的多元智力力量，汇集民智，为政府系统提供更加全面、客观的成果，是政府决策的重要依据。察哈尔学会作为社会智库，也承接了来自统一战线工作部的项目，为其提供内参报告。此外，《公共外交季刊》也是咨政建言的重要渠道。在每年全国"两会"期间，《公共外交季刊》都会被送到全国政协外事委员会委员的讨论桌上，供委员们阅读参考，从而在一定程度上影响着全国政协的决策，为其推进公共外交活动提供理论支持与建议，发挥着咨政建言的作用。

（五）公共外交：建构中国社会智库品牌、增强与国际同行联系

智库外交是国家二轨外交的重要组成部分，对塑造国家形象和提升文化软实力起着重要作用。"智库外交是国内与国际交流的一个平台，在双边和多边外交事务中发挥着重要作用，其中之一是支持政府的外交政策。研究机构中的政策专家是支持和巩固政府政策非常重要的力量。"2015年1月22日，宾夕法尼亚大学"智库和公民社会研究项目"（TTCSP）发布了《全球智库报告2014》。报告显示，中国现有429家智库，是世界智库数量第二多的国家。中国智库同其他国家的智库开展学术及人员交流、合作研究本身就是公共外交，有利于中国智库建设，建构中国的智库品牌，提高中国思想产品的国际竞争力。

社会智库作为非官方的智库形式，在开展智库公共外交的领域具有独特的身份优势。察哈尔学会作为中国唯一的外交与国际关系社会智库，在公共外交领域发挥着特殊的作用。

其一，察哈尔学会的研究领域为"公共外交"，对公共外交理论与中国公共外交研究有着专业的解读，学会的中外文思想产品在国际上的传播有利于提升中国公共外交研究的影响力。

其二，学会本身开展的一系列活动也在实践着公共外交。"以外交与国际关系为研究领域的智库，'天生'地就是公共外交的行为主体，

这是由其研究领域的属性所决定的。"① 一方面，学会研究员在国内外举行的国际会议上发言并与外国同行互动，有助于增进他国对中国的理解。从2012年开始，察哈尔学会便开始与荷兰国际关系研究所、德国对外文化交流协会联合举办"公共外交国际论坛"，更在2014年10月31日举行的主题为"城市外交的实践与探索——中欧对话"的第三届论坛上达成了"上海共识"，共同推进中欧城市外交领域协同合作，也加强了学会与国外公共外交智库之间的纽带关系，促进交流与合作。另一方面，学会通过与国际机构合作举办活动，以实际行动提高中国的公共外交影响力和话语权。以宗教外交领域为例，学会于2014年10月28日在北京银帝艺术馆举办了中韩佛教学术研讨会，中韩佛教界代表就中韩间佛学发展与交流进行了研讨，推动着中国宗教外交的发展。

六　察哈尔学会发展中的难题：资金渠道单一，对全日制研究员吸引力不足

作者通过长期观察以及与察哈尔学会秘书长柯银斌的深度访谈显示，资金与人才是学会发展面临的两大难题。创办以来，察哈尔学会主要依靠韩方明主席提供运行经费，采用的主要是企业赞助日常运行和专门活动模式。学会有时候承接委托研究项目（例如，2014年，北京妇女国际交流中心委托的"女性公共外交"研究项目），从而获得一些研究经费。学会聘请研究员承担课题通常采用的是由学会出资、委托课题的方式，一般为小型课题。研究员参与国内与国际活动经常由研究员自己承担旅费、学会承担当地费用。作为社会智库，察哈尔学会没有申报国家或省部级纵向课题的资格。募集社会资金的相关制度还不完善。在资金来源方面，社会智库面临比政府智库、高校智库更多的困难。柯银斌秘书长表示，目前，资金渠道单一的问题还很难解决，希望政府推动的新型智

---

① 资料来源：《柯银斌：察哈尔学会如何引领智库公共外交》，澎湃新闻"外交学人"专栏，http://www.thepaper.cn/newsDetail_forward_1302869，2015年2月12日。

库建设为社会智库发展探索出更广阔的制度路径。

察哈尔学会的全职工作人员中,只有秘书长兼有高级研究员的身份。严格地说,学会没有一个全职研究人员。这与学会的影响力极不相称。智库的核心竞争力是思想产品,而研究人员是产出思想产品的主力,全职研究人员有助于保障研究的质量和数量。柯银斌秘书长说,高校、媒体、政府研究者很多人乐意成为学会的兼职研究员,但极少有人愿意做学会的全职研究人员,学会也没有足够经费聘请高水平的全职研究人员。实际上,非营利性社会智库不仅对全职研究人员缺乏吸引力,对从事管理的工作人员吸引力也不足。社会智库作为用人单位,还需要努力提高对人才的综合吸引力。察哈尔学会近年采取兼职研究员模式仍然是较为可行的方法。

七 对社会智库发展模式及功能的思考

中国特色新型智库体系的建立离不开社会智库的发展与完善。当前中国社会智库的发展尚不够成熟,仍有很大的提升空间。察哈尔学会的智库发展模式中有许多可取之处。

其一,多元主体合作是社会智库发展的重要模式,社会智库可以采取与官方智库或政府部门合作举办研讨会或活动的方式,最大限度地整合和调动各参与主体所拥有的资源,借助合作单位的东风在提升活动的影响力的同时提升社会智库自身形象,塑造自身品牌。这一点对初创阶段缺乏资金和人才吸引力的社会智库来说尤为重要。

其二,社会智库开展活动应当采取多平台协同互动的模式,多渠道并举,形成智力产品—会议活动—媒体发布的格局,以刊物等自身智力产品为基础,以年会等活动为载体,通过新闻媒体扩大自身影响力,充分整合现有资源,传播公共外交新思想,从而走在各自领域的研究前沿。

其三,发挥兼职研究员多样化背景和合作方式灵活的优势,会聚多学科、多领域的研究人才。社会智库可以采取灵活的兼职研究员制度,节省智库开支。此外,社会智库可以吸收具有高水平的学者型官员,利用其工作中的实践经验为智库的智力产品提供更多可操作的建议,同时增强社会智库在政府部门的影响力，积累资源优势，并使政策建议更容易被采纳，为当代中国决策和国家治理提供有效的思想支持。

察哈尔学会自创立以来，在资金和人才不足的情况下，以合作主导的独特模式，不断提升影响力，推动中国公共外交理论与实践的发展及国际关系社会智库的完善，践行新型智库"咨政建言、理论创新、舆论引导、社会服务、公共外交"的功能。其发展模式值得社会智库参考与借鉴。

参考文献

朱旭峰，2014，《从中外统计数据看中国智库发展路径》，《学习时报》6月16日，第6版。

薛澜、朱旭峰，2006，《"中国思想库"：涵义、分类与研究展望》，《科学学研究》第3期。

薛澜、朱旭峰，2009，《中国思想库的社会职能——以政策过程为中心的改革之路》，《管理世界》第4期。

王莉丽，2015，《全面提升中国智库的智力资本》，《中国党政干部论坛》第1期。

李安方等，2010，《中国智库竞争力建设方略》，上海社会科学院出版社。

薛澜，2014，《智库热的冷思考：破解中国特色智库发展之道》，《中国行政管理》第5期。

The Development Mode and Function of Chinese Non-governmental Think Tanks: A Case Study of Charhar Institute

Zhong Xin　Zhou Yifeng

Abstract：Think Tanks in China are playing increasingly important roles in elevating scientific and democratic decision-making ability and governance capabilities of the Chinese government. Therefore, it is important and urgent for China to build a sound and strong Think Tank system. The Opinion of Strengthening the Construction of a New Think Tank System with Chinese Characteristic released by the State Council is now functioning as the propeller of Think Tank development, and Chinese Think Tanks are also becoming important social actors and even actors in the international community, among which the non-governmental Think Tanks are growing in power and also facing tough challenges. This article aims to figure out the development mode and function of Chinese non-governmental Think Tanks through analyzing the Charhar Institute which is established in 2009. The analysis indicates that cooperating with multiple subjects is the primary way of expanding its influence. Meanwhile, problems still exist in its operation, such as the single source of funding, lack of attraction for the talents and so on. But in general, the Charhar Institute is still committed to becoming a leading Think Tank of international influences.

Keywords: Non-governmental Think Tank, The Charhar Institute, Multiple Cooperation, Public Diplomacy

（责任编辑：史晓琳）

·学术争鸣·

以突破论英雄，以思想评智库

——创建一流智库从甄选一流智库专家开始

刘益东[*]

摘 要：高端智库的第一要务是出思想，是参与国际竞争，智库的国际影响力是靠出思想赢得的，而思想来自人才。因此，没有一流人才就没有一流智库，没有思想市场就没有一流智库，就像没有市场经济就没有一流企业一样。一流人才包括成名者和未成名者，而未成名的潜在一流人才群体才是新思想的策源地。利用开放式评价、"成果&行为"创新人才评鉴法和突破点四要素及"学者—标志点"可以快速甄选潜在一流智库专家。应为他们成立战略家工作室或使之成为已有的高端智库的核心成员。在分析智库误区的基础上，本文提出我国智库发展要迈出关键的两步：第一步是甄选一流智库专家，明确以突破论英雄；第二步是明确以思想评智库，以建设思想市场来促进智库的快速发展，实施"一个中心、一个基础、三个面向"的发展战略：以一流人才为中心、以思想市场为基础，面向市场、各级政府、国际前沿来发展智库及智库产业。借助当前的学术新媒体和文化创意市场形成的"准思想市场"，让一流和潜在一流智库专家及时胜出并充

---

[*] 刘益东，中国科学院自然科学史研究所研究员、博士生导师，研究方向：科技战略、产业战略、人才战略、STS、科技史。

分发挥作用,以促进我国智库水平与影响力快速提升。

关键词： 智库　潜在一流人才　思想市场　TT&M　智库思想家　学者—标志点　三问识别法

一　引言：智库热的五个误区

最近,中国智库迎来重要发展机遇,但是智库热也暴露了不少问题。笔者认为存在五个误区：一是过于强调影响力,而没有强调出思想才是高端智库的第一要务,实际上,提高国际影响力更要靠出思想。我国自古以来不缺少智囊和智囊机构,但是出思想的不多。二是强调高端智库的组织建设,而忽视了对一流智库人才的甄选与培养。没有一流人才就没有一流智库。对于出思想的高端智库,卓越效应比规模效应重要得多（一个人、一本书就可以出思想,而一堆课题也可能出不了思想）,因为凡是名副其实的思想库,都要面对学界与公众,公开展示自己的新思想。三是过多强调智库的公共政策研究属性。实际上,智库有三大核心属性,①高端智力,探索前沿,从事高水平的各种重大问题及对策研究,出思想,出可行的、创造性的解决方案；②面向世界,在全球化的今天,无论是研究地方问题、全国性问题还是国际问题,都应着眼于全球视野和人类利益；③面向未来,满足人类永续发展的需要,这是智库肩负的根本任务。因此智库研究的内容包括公共政策,但是范围要广泛得多,使命也重要得多。四是过于强调非营利性,似乎营利就会影响公正性,而实际上不少重要的战略思想是营利性机构提出来的,比如"智慧地球"就是IBM公司推出的。在公平竞争的思想市场中,营利与否并不重要,研究者的动机无关紧要,重要的是思想产品的规范性和品质。科学事业的成功就是明证。无论科学家的动机如何,只要遵循学术规范,就能做出有价值的知识贡献。五是过于推崇美欧智库,特别是把美国智库当作效仿对象。诚然,美国智库发展的时间长、影响大,但即使是美国智库也远没有承担起应有的责任,没有发挥应有的作用,其根本缺陷在于他们没有从实现可持续发展的角度对智库及智库产业进行定位。

笔者认为，走出上述误区需要迈出关键的两步：第一步，也是我国智库建设的当务之急，就是明确建设一流智库从甄选一流智库专家开始，因为没有一流智库专家就没有一流智库，智库是一流人才驱动的，而且需要足够数量的一流人才方可有效驱动。正如哈佛大学前校长康南特（Conant）所说："在每一个科学领域里，决定性因素是人，科学事业进步的快慢取决于第一流人才的数目。据我的经验，十个二流人才抵不上一个一流人才。"尽管目前活跃在我国智库领域的学者中不乏一流人才，但是数量还远不能满足社会和国家发展的需要，因此，应在全球华人范围内甄选一批一流智库专家补充到智库的学术带头人队伍中，以快速提升我国的智库水平和国际影响力。第二步，明确我国高端智库以出思想为第一要务，要"以思想评智库"。智库建设的路径就是以务实态度建设思想市场。同时充分利用已经存在的学术新媒体、文化创意与高端咨询市场，形成准思想市场，以思想市场机制促进智库的快速发展。为此，本文主要探讨三项内容：一是一流智库专家的界定与甄选；二是建立战略家工作室，让一流智库专家充分发挥作用；三是明确我国智库发展的路径，提出智库发展要"一个中心、一个基础、三个面向"，以一流人才为中心、以务实建设思想市场为基础，面向市场、面向各级政府、面向国际前沿来发展智库产业。面向市场发展智库产业是我国智库快速崛起的有效途径，其中思想市场的建设是重中之重。规范健全的思想市场让一流智库人才如鱼得水，让出思想的一流智库如虎添翼。后两部分是对一流智库专家的甄选与发挥作用所需要的组织方式与社会条件的进一步探讨。

二 一流智库专家的界定与甄选

笔者认为，一流智库就是思想库，尽管思想库与智库的英文是同一个词（Think Tank），但在中文语境中则明显不同，笔者认为主要有两点不同：①思想库是顶级智库、一流智库，除产出高水平咨询报告外，其核心功能是出思想，而一般智库只是出咨询报告，对决策、政策制定、战略规划和管理等进行咨询；②从对产出的评价来看，智库要面对学术界和社会，要公开展示与传播其新思想，并得到学术界的认可，才算得上是出思想。如果只是得到用户承认，算不得出思想。而一般智库所出的咨询报告只要用户认可就大功告成。思想库以出思想为第一要务，所以一流智库专家的核心特征就是能够出思想。

(一) 何谓一流智库专家

智库需要各类专家，但是作为思想库的高端智库，最核心的也是最稀缺的专家是能够出思想的智库思想家，就像科学事业虽然需要各类人才，但是核心人才就是做出科学发现的科学家。出思想就是出新思想，出新的战略思想，而这绝非易事。战略思想是引领决策和发展的新思想、新思维、新观念，是通过在事关发展的重大问题及对策研究领域做出突破性研究而产生的，没有突破性研究就没有新思想的产生，所以战略思想家都是知识创造力极强的杰出学者。本文界定：一流智库专家是在各种重大问题及对策研究领域做出突破性贡献的专家学者，是世界上在细分研究领域前沿做得或曾经做得最好的专家、学者。他们往往就是智库思想家。准确地说，凡是在重大问题及对策研究领域做出突破性贡献并因此提出新观念、新思维、新思想的专家学者可称为智库思想家。虽然突破也分大小，但无论如何突破性工作的难度和价值都高于普通的创新工作。这一定义突出了高端智库研究工作具有高创造性的专业门槛，不是"能够着眼全局，富有宏观意识和长远的战略目光等"就能成为一流智库专家。各种重大问题及对策研究存在各自的细分研究领域（不同问题对应不同的细分研究领域），所以当前的一流智库专家就是目前世界上在细分研究领域做得最好的专家学者（刘益东，2013）。

出思想高度依赖学者个人的创造力，正如著名学者李醒民（2010）所概括的那样：思想是个人的事业，学术创新是个人主导的个人行为，学术思想是个人头脑创造的精神产品。学术研究是树立个人品牌的事业，社会科学、智库领域尤其如此。智库的研究工作与一般的学术研究工作都是研究工作,都是研究问题、提出问题解决方案,只是问题的种类和约束条件各不相同。学术研究出思想的特点和例子同样适合智库研究。思想来自个人,只有思想家才能出思想,在思想史上还几乎没有靠集体及组织机构来出新思想的先例。法国布尔巴基学派出数学思想,也是具体的代表人物出数学思想。当然,出思想建立在前人大量工作的基础上,但是关键的突破是由个人完成的。虽然当代社会,团队合作、跨学科合作越来越重要,但仍然是灵魂人物决定了团队的学术水平和高度,取得突破性进展也主要依靠灵魂人物的创造力。以个人为奖励对象的诺贝尔科学奖等各种科学奖,并没有因为科研合作规模的扩大而改变规则(也没有设置集体奖)就是明证。甄选一流智库专家比忙于智库的组织建设重要得多,因为有一个思想家就能出思想,而没有思想家的智库严格地说就不是智库,只是咨询机构而已。思想家特别是战略思想家是高端智库的核心与灵魂人物。新思想、新的战略思想来源于重大问题及对策研究领域的新突破,所以笔者主张"以突破论英雄,以思想评智库"。高端智库建设的基本原则应该是依据真正有能力出思想的一流智库专家的意愿和需要来设计组织形式与管理制度;智库设置首席战略家或首席智库专家,由战略思想家等一流智库专家担任。

毫无疑问,建成高端智库的首要条件是拥有一流智库专家。正如世界顶尖智库布鲁金斯学会的董事会主席约翰·桑顿(John Thornton)所说:"任何一个智库的成功首先都取决于它所拥有的专家的实力。布鲁金斯三个核心价值的第一个价值:质量——是由我们的专家决定的。我们寻找的是那些在各自领域领先的优秀研究者和决策者,他们不仅思维缜密,而且富有创新性和创造力,懂得怎么把他们的思想和现实世界的问题结合起来。"[①] 战略思想家、智库思想家与其他思想家之间的区别之

---

① 《智库的核心价值是什么?——专访布鲁金斯研究院理事会主席约翰·桑顿》,http://conference.caijing.com.cn/2009 - 07 - 02/110192246.html。

一就在于他们考虑与现实世界的结合，考虑可行性。明确"出思想"是一流智库专家的核心特征非常重要，因为我国与世界顶尖智库的差距首先体现在严重缺乏战略思想家。

（二）如何甄选一流智库专家

一流智库专家分为两类，一类是已经被学术界公认的一流专家，另一类是已经有一流成果，因尚未得到普遍承认而只是潜在一流专家。显然对于前者没有必要甄别，他们已经大名鼎鼎，关键是如何及时甄别潜在一流专家学者。笔者认为，从智库建设的角度看，延揽两类一流专家各有利弊。对于公认的一流专家，有利的是其学术水平有保障，如果年富力强，还处于创造的高峰期，确实可以继续产出高水平成果，利用其学术声望和学术网络也是好处多多；不利的是他们非常繁忙，再出新成果与所在智库的关系也不大，无非给其提供了经费而已（在不少机构都争着为其提供经费的情况下，这种资助恐怕连锦上添花都算不上）。更糟糕的是，从出思想的角度看，这类学者的思想已经获得公认和传播，但是显然还不足以解决许多重大问题，甚至不少重大问题还未被发现。比如《21世纪资本论》的作者托马斯·皮凯蒂（Thomas Piketty）教授，现在是公认的一流学者和思想家，他对财富的两极分化有深刻的研究，但是笔者认为他忽略了一个最为关键的问题，那就是"贫富分化与金钱万能对富人有什么坏处？"[1]（刘益东，2007、2014a）。

比较而言，甄选和延揽潜在一流专家更为有利：①成本优势和专属优势，前者显而易见，后者指潜在一流专家会更容易全职到岗、全心投入；②潜在一流专家得出的突破性成果有可能成为后来居上地解决大问题、引领决策和发展的新思想，潜在一流专家是新思想的主要策源地；③潜在一流专家做出重大成果，还能够体现出所在智库的价值与贡献，

---

[1] 详见系列拙文，笔者给出的结论是贫富分化与金钱万能对富人有毁灭性的坏处。只有正确研究这一问题才可能解决贫富分化问题。

体现出智库的体制机制和文化的作用，体现出资源配置的优化（刘益东，2014a）。目前我国一些人才政策，在人才甄选方面设置的条条框框较多，殊不知符合这些条条框框的一流人才早就被发达国家的顶尖大学和科研院所抢先招募。对于我国吸引一流人才的大多数情况而言，只有不拘一格降人才方有可能"捡漏"。正如人们常说的"做成事的关键是选对人"，如何及时准确地甄选潜在一流人才是一大世界难题，谁率先破解，谁就把"看不准、选不对"的风险降到最低，谁就找到了可开采的人才金矿。经过多年研究，笔者提出三位一体与双管齐下的方法，来尝试破解这一难题。

三位一体包括"以代表作论英雄为评价准则""以创新点和突破点为评价对象"及"以开放式评价为评价方法"（刘益东，2014a）。以代表作论英雄就是以成果论英雄、以产出论英雄的集中体现。代表性成果能够充分反映学者的研究能力和学术水平。实际上以代表作为主进行评价已经在学术界达成共识，比如，中国社会科学院和清华大学等采取代表作评价制度，并被许多学者所认同（刘劲杨、刘永谋，2004）。国际著名科学社会学家科尔（Kerr）兄弟经过大量统计研究得出结论：在科学上，是论文的质量而非数量导致研究人员取得成功（李晓轩，2004）。中国科学评价研究中心主任邱均平（2006）提出学术评价的"金牌优先法则"，借鉴各国奥运会金牌榜，即尽量以最高水平的成果来衡量被评价对象的水平。笔者则进一步提出以代表作的创新点和突破点来分别定义创新人才和拔尖创新人才，更加突出代表性知识贡献的重要性，也符合人们对一流学者的定位和认知（刘益东，2014a）。

实际上对于著名学者，人们往往把其名字与标志性贡献联系在一起，比如提起库恩就想到"范式理论"。笔者把这种名字与标志性知识贡献的配对关联情形称为"学者—标志性贡献关联展示"。标志性贡献具体为标志性贡献点（标志点），即标志性创新点、独创点、突破点。因创新点比较平淡，一般学者也可以做出，所以采用更能体现创造力的"学者—标志点""学者—独创点""学者—突破点"来展示学者—贡献关联,例如"库恩—范式理论"、"科斯—交易费用"、"熊彼特—创新"、"弗里曼—国家创新体系"、"约瑟夫·奈—软实力"、"李约瑟—李约瑟难题"、"阿瑟—路径依赖"、"普拉哈拉德—核心竞争力"及"迈克尔·哈默—流程再造"等。自然科学家的情况也是如此,例如"爱因斯坦—相对论""普利高津—耗散结构""钱三强—三分裂/四分裂"等。标志性贡献也可能不止一个,例如"波特—五力模型""波特—价值链"。当然这些学者都是超一流学者（学术大师）,标志性的独创点往往就是突破点,它们可以是新概念、新问题、新发现、新理论、新方法、新模型、新发明等。虽然一般意义上的一流学者、优秀学者可能没有如此著名的标志点,也可能没有重大突破性贡献,但是仍然有在世界上自己最先做出并得到规范确认的独创性贡献,所以可用"学者—独创点"来进行学者—标志性贡献关联展示。只要独创点是真正新颖独特的,而且围绕着独创点有自己的一套,能够自圆其说,成一家之言,就至少是优秀学者。当然,这里的独创点指的是学者最有代表性的标志性独创点,每位学者不可能多,往往就一两项。笔者在开放式评价的规范展示中把这种用于学术大师和一流学者的学者—标志性贡献关联展示,扩展到优秀学者,以"无须著名、只需独创"为原则来扩大适用范围。这样一流学者用"学者—标志点"、优秀学者用"学者—独创点"来展示,并作为自己的学术名片和学术 LOGO。因为优秀学者还不一定有标志性成果这样突出的贡献,所以用"独创点"。这种表达方式可以使学术界与社会一目了然地了解学者的标志性贡献与实力。在阳光学术中,这是对学术带头人（PI）的一个刚性要求。这种学者—标志性贡献关联展示能够很好地体现出学者的创造力和独特贡献。只要让学界和公众明白"成果的质量而非数量决定了学者的水平与成功",这种"学者—标志点""学者—独创点"式的学术名片,比许多头衔都更能反映学者的实力和地位,而且一目了然,在互联网时代也便于查验。实际上百科全书、科学家词典和科技史词典等的条目就是以标志性知识贡献为主来论述学者的历史地位的,而非罗列一串头衔。原因是学者的新知识贡献是针对世界而言的,学者的历史地位取决于他/她对人类的独创性知识贡献，而头衔则可以是地方性的。对于学术界而言，只有"创新本位"才有意义。

以创新点和突破点作为评价对象（当然要同时考虑上下文和整体性），就是对所贡献的新知识点进行评价，以做到突出重点。具体就是，以创新点评鉴和界定创新人才，以突破点评鉴和界定拔尖创新人才，一流智库专家当然是拔尖创新人才，所以用突破点来识别，可谓以突破论英雄。笔者把学术研究的突破点概括为四个要素，简称突破点四要素：①突破什么（学术定论、主流共识、思维定式、研究范式、现行做法、学术僵局，其中之一或几个）；②如何突破（问题——突破思路）；③突破的创见（主要结论）；④突破的前景（开拓新域）（刘益东，2014b）。只要让应聘者或选聘者列出一两项最有代表性的研究成果，按照一定格式规范填写突破点四要素并公开展示，然后运用笔者提出的开放式评价体系（包括规范展示、规范确认、规范胜出三部分，共有"展示""定位""查新""挑错""荐优""比较""综合"七个要素）进行评价即可（刘益东，2013）。公开透明地展示可以实现快速的初步识别，关键是如何展示、展示什么。开放式评价和突破点四要素就解决了这两个问题。

这里简要解释以突破点四要素为主要评价对象能够立竿见影地甄别一流人才的原因。即使对于真正的一流专家学者来说，一生所做的突破性工作也就几项，最具代表性的工作往往就1~2项，而突破性工作的核心是突破点四要素。这是其学术贡献的重中之重，能够充分代表其研究能力和学术水平。笔者通过重新认识学术研究的流程发现：学术研究是全世界研究者在同一规范和流程约束下的知识生产和优先权竞争；规范的研究就是在约束条件下的竞争性创意或竞争性创新；有条理地提出新创见就是战胜或局部战胜或暂时战胜全世界的同题研究者；问题越重要、参与竞争的优秀学者越多或水平越高，就越不容易提出新创见，做出新推进、新突破。如果还能够有条理地提出新创见就说明该学者研究能力强、学术水平高（刘益东，2008）。"衡量问题的重要性是高手的惯例"

（张五常语），而每个细分研究领域的重要问题的数量有限，聪明人都要研究重要问题，所以竞争激烈，能够在重要问题的研究中提出新创见，实现新突破就能说明能力强、水平高。因此对突破点进行评价可以准确地衡量学者的水平和能力。突破点四要素中最为关键的一点就是"如何突破（问题—突破思路）"。提出好问题是研究的切入点。突破性思路是解决问题的灵魂，而提出好问题和巧妙的研究思路恰恰具有"难得易懂"的特点（如阿基米德经过百般思考，在洗澡时想出的巧妙思路一经说出尽人皆懂），即很难想到，而想到之后表述出来是容易被理解的，至少同行是容易理解的。因此，对于真正做出突破性工作的专家，能够并且愿意把自己的绝妙想法和思路表达出来和大家分享（事实上但凡做出重要突破的专家往往都对自己的奇思妙想津津乐道），而没有做出突破者一般难以清楚明白地填写出如此具体的突破点四要素，因为科学研究具有"想到、做到才能说得清楚周到"的特点（刘益东，2014b）。经过评估专家进行知识地图前沿定位、查新，同行专家挑颠覆性错误，以及荐优与比较（公开征询推荐同题研究中更好的工作并用同样格式表述展示以便比较），可以很快确认该突破性研究成果能否成立和其学术地位。开放式评价能够"通过公开实现公平公正，通过公开实现高效合理"（刘益东，2013），特别适合评价创新性成果和突破性成果。只要通过开放式评价，成果的新颖性、无颠覆性错误得到确认，则即使没有得到同行普遍承认，也可以被暂时接受，此类专家也可以被认定为一流专家而成为智库的学术带头人。"一个人是否具有创造力，是一流人才和三流人才的分水岭"（哈佛大学前校长普希 Pusey 语）。对突破点四要素的展示与确认把比较抽象和难以衡量的创造力变得可以评估了，可以有效及时地甄选潜在一流人才。

双管齐下是指考虑成果与行为两个方面的"成果＆行为"创新人才评鉴法，简称 A&B 创新人才评鉴法，体现出"以突破论英雄、以行为识英雄"。开放式评价是针对"成果"；"优先权链式反应"（"优先权驱动""突破优先权壁垒""优先权焦虑""优先权自负""优先权宣示"

和"优先权综合效益最大化")(刘益东,2013)与 SOS(不展示就靠边站)法则(刘益东,2012a)则是针对"行为"。这样可以从内容到形式及其相互配合来快速评鉴创新人才。三位一体解决成果的评价标准、评价对象、评价方法等问题;双管齐下则包括对成果与行为的考察,两方面综合解决创新人才的评价与识别问题。提出新思想,特别是提出战略新思想的专家学者,通常都著书立说,四处演讲,因为新思想很重要且来之不易,所以津津乐道;新思想又不容易被接受,所以有机会就会经常讲、反复讲(刘益东,2014b)。也就是说能够出思想的一流智库专家的行为特征很鲜明:是金子就乐于发光,出思想就愿意宣讲(刘益东,2009a)。以往和现在的战略思想家、商业思想家等各类思想家的行为做派基本如此。也就是说思想成果和思想家行为的特征都是很鲜明的,前者具有内容要件(做出突破性进展并产生新观念、新思维、新思想)和形式要件(著书立说),后者是主动宣传和宣讲自己的思想。总之,潜在一流智库专家的代表性成果的特征与个人行为特征比较鲜明,而且也会得到一定的反响与认同,易于识别,难的是得到普遍认可,而开放式评价能解决这个问题。通过对突破点四要素进行评价,当规范确认其新颖独创、无颠覆性错误后,就可以确认其成果的学术价值,肯定其突出的研究能力。通过荐优与比较则更能确认其在细分研究领域的领先地位或至少处于前沿地位。也就是说,开放式评价特别适合评价独创性成果和突破性成果。实际上多年以来已有学者呼吁放宽同行认可的条件,例如,林毅夫(1995)明确指出,"如果一个理论在逻辑上挑不出毛病,各个有关的推论也不被已知的经验事实所证伪,经济学界就应该暂时接受这个理论"。

综上所述,一流智库专家是在各种重大问题及对策研究领域做出突破性贡献的人,而突破性贡献应落实到突破点四要素。尽管突破有大有小,但是无论如何,一流智库专家的门槛还是很高的,其核心能力是极强的知识创造力,能够得出创新力度大的突破性成果(刘益东,2009b)。利用上述的三位一体与双管齐下的方式,"学者—标志点""学者—独创点"这一学者—标志性贡献关联展示，可以帮助用户、学界、媒体和公众快速识别包括智库思想家在内的一流和潜在一流智库专家。

三 建立战略家工作室，让一流智库专家充分发挥作用

一流人才要充分发挥作用需要适当的体制机制与组织方式。在设计和安排体制机制时，应该遵循"带头人优先原则"，就是依据带头人的需要和喜好来设计体制机制，这样的体制机制才容易使组织形成和保持核心竞争力。对于智库等组织而言，带头人就是学术带头人（PI），因此应该依据PI的需要和喜好来设计体制机制。可以说，创建一流智库的思路其实很简单，就是应该首先考虑一流智库专家需要什么样的体制机制，喜欢什么样的组织方式，然后考虑如何引导他们为社会和国家服务。这也是创建一流科研机构等各种高度依赖一流人才的组织机构的基本思路。显然，真正拥有学术才能的优秀学者的理想就是拥有自己的实验室、工作室，自主选择学术助手，自主组建研究团队，自主选题，自由研究。当本研究团队不能完成研究任务时，可以通过双向选择，自由联合其他研究团队，形成意愿共同体，共同完成，这样也体现出科研体制机制的现代治理特色（而非自上而下的管理）。在经费方面，希望能够通过自己的创新成果获得及时和持续的研究资助，以使自己的学术才能得到充分发挥，做出学术上的重大突破。政府应通过资助方向上的倾斜来引导优秀学者面向世界学术前沿和回应社会国家需求。出思想的一流智库专家当然也如此，而且只要资助他们自由研究，他们必然会面对社会和国家需求，这是由智库领域研究本身的性质所决定的，而且智库专家具有务实、合作、注重可行性的特点（刘益东，2014a）。

因此笔者建议，设立一批战略家工作室（或战略思想家工作室、智库思想家工作室、思想者工作室、智库专家工作室），给真正有能力出思想的一流智库专家以优惠待遇，具体方式可以比照《国家中长期科技人才发展规划纲要（2010-2020年）》中提出的设立世界一流的科学家

工作室的设计安排（主要由政府提供持续稳定支持，首席科学家自组团队、自主管理、自由探索、自我约束，以产出原创性和有国际突出影响力的科学研究成果）。战略家工作室实行首席战略家负责制，由首席战略家自组团队、自主管理、自由探索、公开考核、公平竞争，呈现鲜明的专业化特点。首席战略家要在事关发展的重大问题及对策研究领域取得突破性进展，在相应的细分领域居于世界前沿。只要采取开放式评价、公开平等竞争、公开透明考核，一流智库专家和潜在一流智库专家就不会缺少研究经费。建立、健全思想市场，则能够更好地解决经费和思想产品的供求关系问题。若干战略家工作室形成战略家工作室网络，在高效的研究与创新服务平台的支撑下，既有利于战略家独立研究和自由探索，又便于互动交流，合作攻关，以尽快提升国家软实力和顶层设计水平，创建世界一流思想库。显然，战略家工作室网络（基于研究与创新服务平台）是最具活力、最符合思想家工作特点的思想库组织形式（刘益东，2014a）。当然，也不排除其他组织形式，万变不离其宗的是一流人才本位。要满足一流智库专家的需要从而充分调动其积极性与创造性。首席战略家要接受开放式评价的考核（几年一次），任期五年，可连选连任。他们要向学术界和社会公开规范展示研究进展和成果。这是对当初甄选一流智库专家的质量检验与跟踪评估。

四 面向市场和思想市场发展智库产业是我国智库快速崛起的有效途径

人才问题解决之后，就要重点探讨发展路径问题，这是智库建设的第二步。笔者提出我国智库的发展战略是"一个中心、一个基础、三个面向"。如上所述，"一个中心"就是以杰出人才为中心，没有一流人才就没有一流智库。下面将探讨"一个基础"和"三个面向"。"一个基础"是以务实、理性的态度去建设思想市场、规范思想市场。没有思想解放、没有思想市场，战略思想家等一流智库专家就很难胜出；"三个面向"是面向市场、面向各级政府、面向国际前沿。虽然每个智库在三个面向上的优先序可能不同,但基本原则是相同的,即越杰出的智库专家、越杰出的思想家,越需要公平竞争的思想市场。思想市场建设是当务之急,也是重中之重。缺乏思想市场、缺乏思想解放带来的最大损失是无法及时有效地甄选出一流智库专家和战略思想家为国家与社会服务。在思想市场还不成熟的情况下,在重视各级政府需求的同时,应充分面向市场,为企业和公众服务,充分面向国际前沿,为国际社会服务。因为有大量的全球问题、亚洲问题还没有很好解决,甚至研究还十分薄弱。比如容凯尔在《金融时报》上发表文章指出"尽管亚洲的全球影响力日益增加,但有关该地区事务的深入研究大多仍然来自其他地方,主要是西方",而"亚洲根本没有为思想而建立起来的市场"(庞中英,2006)。因此,亚洲急需一流智库和一流智库专家,从而在国际思想市场上竞争胜出。

(一)务实理性地建设思想市场,让一流人才有竞争胜出的机会

建立健全思想市场是发展高水平智库的必要条件,更是一流智库专家充分发挥作用的必要条件。可以说,没有思想市场就没有一流智库,就像没有市场经济就没有一流企业一样。通常认为,思想市场就是各种想法、观点、观念、理论、信仰等产生、表达、传播、交流与接受的场所,并且它们之间能够自由平等地竞争。思想市场的重要性主要体现在四个方面:一是发现与解决各种问题,尤其是各种重大问题,需要新想法、新观念,否则根本无法发现和解决。二是如果没有思想市场,一些意想不到的好的想法、机会、方案和可能性就得不到,意想不到的危险、灾难和坏的可能性也无法避免,甚至无法避免灭顶之灾。三是如果没有思想市场,通过提出新想法、新观念、新理论而竞争胜出的杰出人才就会因为没有高难度智力竞争无法展示创造力优势而被埋没。也就是说,没有思想市场对社会和国家来说最大的损失是得不到一流人才的智力服务。对于智库专家而言,创造力不足可能导致"思想依附",即对西方主流思想的依附。我国这样的大国智库应该竭力避免上述问题。四是思

想市场能够培养高水平的用户和消费者，对新思想有鉴赏力和敏感度，让思想者和思想家如鱼得水。有什么样的用户就会有什么样的企业，用户在很大程度上决定了智库的水平。战略大师迈克尔·波特指出，内行而挑剔的国内消费者能够有效提升该国企业的国际竞争力。总之，务实建设思想市场对智库人才的培养和及时胜出，对提升智库的国际竞争力都具有决定性的意义。

目前建设思想市场是一个热门话题，不少人强调思想自由、言论自由。在这个问题上，科斯关于思想市场的态度值得重视。科斯认为思想市场和商品市场没有什么区别。其一，思想市场也是由很多个人的想法推动，不管他们如何声明是为了全人类和全社会，实际上还是表达他们的想法，与一个商人要展示其商品没有什么不同，在道德上没有高下之分；其二，这两个市场里既有需要管制的内容，也有需要减少管制的内容。至于管制的加与减，科斯一贯的立场是依成本而定（周其仁，2013）。笔者认为，这个成本就是不能因思想禁锢而让一流人才失去竞争胜出的机会，结果社会和国家得不到足够数量的一流人才的智力服务，得不到"一子解双征"等意想不到的创造性解决方案，损失惨重，尤其是在与发达国家博弈时智不如人，处于下风。纵观人类历史，巨大财富不仅是被创造与生产出来的，更多的是靠博弈获得的，可谓"小富靠产销，中富靠科技，大富靠博弈"，每个环节加上"创新"之后，顺序依旧。话语权战争、人才战争、标准战争、货币战争、知识产权战争、平台战争等都是赢得巨大财富和竞争优势的手段，依靠的都是智慧的博弈，依靠的都是智库和传媒的有机结合与相得益彰。研究与发展、智库与传媒（R&D 与 TT&M）是支撑美国称霸世界的两只手，可以说，研发实力与智媒实力强则国家强（刘益东，2012b）。我国对研发很重视，今后也应该加强对智库与传媒及其有机结合（TT&M）的重视，而不只是重视智库。TT&M 在知识层面、组织及制度层面与 R&D 均同构或近似。TT&M 主要的作用在于提高社会科学技术及交叉科学的知识存量与扩大应用范围。R&D 的作用在于提高自然科学技术及交叉科学的知识存量与扩大应用范围，R&D 与 TT&M 互促互补、相互增强，研发实力与智媒实力共同构成企业、大学、国家等的硬实力与软实力的核心。

众所周知，思想市场的建设尚需时日，不可能一蹴而就。科斯所说的对思想市场应该进行适当管制也是有道理的。笔者建议要以务实理性的态度来建设思想市场，有所为（管控）有所不为（不管控）。例如，对于全球问题、人类未来发展问题及相关理论问题等国际性议题的理论探索，就无须设置禁区，无为而治，让学者自由研究、畅所欲言，在国际舞台上与国外学者充分沟通，一争高低；而国内议题则可根据国情保持某种平衡，逐步放宽。这样就可以直接借用现成的国际思想市场，让一流人才有竞争胜出的舞台，有机会证明自己的卓越才能。一流智库专家恰恰都是具有国际视野、善于研究重大问题的学者，开放式评价又能解决公正、及时评价问题，而不会被西方垄断的智库话语权和评价权所压制、困扰，因此能够让一流人才和潜在一流人才及时胜出。显然，现阶段这种思想市场建设上的"国际无禁区，国内有平衡"的内外有别的做法务实可行。在目前我国的基本制度框架内，有大量的"三利"（利国、利民、利政府）事情可做，一流智库专家大有用武之地。

建设思想市场的一个重要举措就是确立"以思想评智库"的原则。它是针对高端智库的评价原则，包括评价标准、方法、规则和程序。其评价标准是以"出思想"为首要标准来评价智库的质量与影响力，对智库产出的新思想的种类、质量、创新力度、影响范围进行评价。作为智库的思想产品，战略思想的重要性居于各类思想之首。战略思想就是在事关发展的重大问题及对策研究领域做出突破性成果并因此提出引领发展的新观念、新思维、新思想。战略思想包括社会发展战略思想、科技战略思想、经济战略思想、教育战略思想、军事战略思想、政治战略思想等。因此"出思想"的门槛很高，是专业性很强的高难度知识创造，往往需要十年磨一剑、二十年磨一剑，在社会科学领域，通常以著书立说的方式予以体现；"以思想评智库"的评价方法、规则和程序则可运用开放式评价来实施，在此不赘述。"以思想评智库"原则既有利于一流人才胜出，又能促进高端智库的成长。对智库进行排名时应以"出思想优先"来定等级，在同等级内再考虑其他成果的质量和数量，如前文所述的"金牌优先法则"一样。也就是说，普通成果再多，也抵不上产出一项新思想。这是智库排名与咨询公司排名的区别，后者的营业额（与普通成果数量成正比）在排名时举足轻重。思想市场的核心法则是"谁出思想谁胜出""出思想者优先"，"以思想评智库"就是这一核心法则的体现。作为高端智库，卓越效应比规模效应重要得多，因为一个思想家、一部著作就可以出思想，而一堆课题也可能出不了思想。卓越效应可以定义为：组织效能取决于成员的卓越才能而不是成员的数量规模的效应，卓越人才以一当十，以一敌百。在科学研究、思想创造、创意创新领域普遍存在着卓越效应。众所周知，世界上公认的思想家几乎全部以个人学术专著（也有少量两三个人合著的情况）的方式反映自己的新思想，著书立说是思想家的基本特征。思想是个人的，因此公开展示新思想往往就是展示思想家的个人学术成果，这是一个常见的方式。在思想史上，几乎没有出现过四位以上作者合著而产出原创性思想的情况。不言而喻，研究工作的参与者与最终成书的作者不是一回事。作者是决定该工作学术高度的带头人与核心骨干。在确立"以思想评智库"这一原则的情况下，高端智库在面对用户、学界和公众的时候，需要公开出示本智库的智库思想家的突破性成果（学术专著或系列论文），并明确说明和规范展示其突破点四要素。显然，那些能够出思想、能够著书立说的杰出学者会成为各高端智库争先延揽的人才。一流人才和潜在一流人才必然受到重视和善待。智库目标决定了评价标准，评价标准决定了人才培养和人才甄选的方式，可谓有什么样的标准就有什么样的人才。如果把一个智库比喻成一支乒乓球队就能够看出高端智库和普通智库的区别：如果球队的目标是赢得世界冠军，则天才队员最受重视；如果球队的目标是陪用户锻炼身体，则善解人意、听话勤快的队员是球队的核心员工。出思想就是为了赢得思想领域的世界冠军，在大国博弈中占据主动。出思想的首要目的是服务于社会和国家，战略思想是引领决策的，不是用来支撑决策的，也不是用来服务于决策的。出思想的一流智库专家相当于为了赢得世界冠军的天才球员，他们的神圣使命是富民强国、造福社会，而非服务于普通用户（至少服务于普通用户不是首要职责）。

（二）加快建设准思想市场：面向市场发展智库与文化创意产业

智库产业的发展依赖思想市场，除前文建议的务实理性地建设思想市场之外，实际上已经存在着准思想市场，这就是高端咨询业与文化创意产业市场，因此国外的商业思想家可以在国内大行其道。目前我国的高端咨询业还比较落后，与发达国家相比差距明显，这也是制约智库产业发展的一个重要因素，比如我国本土的商业思想家还很少，国内的用户、媒体和公众还不是非常善于识别和欣赏思想家，我国也缺乏智库文化。谋士和智囊是服务"主公"的，智库是面对思想市场，服务于竞争性用户和整个社会的。智库文化崇尚的是思想引领。谋士文化、智囊文化崇尚的是"主公"至上，两者工作虽有部分相似之处，但从宗旨和使命上看是截然不同的。用户至上的思维适用于咨询公司，却并不适用于高端智库，因为问题的复杂性与研究问题的专业性导致用户的需求也需要依靠思想产品的启发与引领。也就是说，智库不仅帮助用户解决问题，还要在此之前帮助用户发现问题、界定问题，对于重大而复杂的问题尤其如此。这是思想产品与其他产品最大的不同。面向市场发展智库与文化创意产业，可以创建"智库与文化创意产业园"（简称"智库文创产业园"），使智库产业与文化创意产业结合，尤其是智库与传媒结合形成TT&M制度，两者相辅相成，相得益彰。可借助学术新媒体与文化创意产业已经形成的"准思想市场"，例如TED，让有价值的学术创见胜出、传播，让出思想的智库专家胜出，让智库思想家、战略思想家、科技思想家、教育思想家、军事思想家与商业思想家一样名利显赫，有力促进智库发展。在创新驱动的大背景下，这是发展我国智库的一条行之有效的途径。

(三) 面向市场与改造市场，在可持续发展框架内重新定义智库

在本文开头提及的美国智库也远没有承担起应有的责任，没有发挥应有的作用，其根本缺陷在于没有从实现可持续发展的角度对智库及智库产业进行定位。智库是一种职业，任何职业的重要性都不是由自己决定的（否则都是最重要的职业），而是由社会需要和面临的挑战所决定的。智库的重要性也取决于当今世界的状况与社会面临的挑战。人类历史经历了从满足社会的秩序需要的官权等级社会到满足社会的财富需要的钱权商业社会，再到即将进入的满足永续需要的智权知识社会。目前正从"官权—钱权"的二元社会，向"官权—钱权—智权"的三元社会转变（参见刘益东《智业革命》，2007）。当今世界的发展日新月异也危机四伏。笔者将著名的囚徒困境与自己提出的动车困境、双刃剑困境、魔戒困境一起合称"囚车剑魔"四大困境，用来说明人类处境的严峻与凶险：人类会不断犯大错，大错误又难以纠正、无法抵消、不可分割，而且犯大错误的门槛越来越低，小人物也可以犯大错误。科技领域的粗放式创新是各种大错误中最致命、最致毁的错误，科技危机是最大的危机。"囚车剑魔"四大困境与科技危机是人类面临的最大挑战（刘益东，2000、2014c、2014d）。接续狄更斯的名言也许可以概括当下："这是最好的时代，这是最坏的时代；这是智慧的时代，这是愚蠢的时代。""但是最好与最坏、智慧与愚蠢是不能抵消的，时代的状况、人类的命运不是由最好的与智慧的一面决定的，而是由最坏的与愚蠢的一面决定的，社会能否遏制最坏、能否化解愚蠢决定了人类的命运和未来。"所以，智库承担着最为重要的社会功能。能够满足永续需要、解决最大危机的学者与智库专家，才是最重要的人才。如果把社会比喻成一艘巨轮，那么人类经历了漫长的船长主导（官权与钱权主导）的时代，已经进入领航员主导（智权主导）的时代。或者说现在处于"车到山前没有路，出路必须提前谋"的阶段，思想引领与战略规划才是最重要的工作（刘益东，2012a）。未来学家托夫勒（Toffler）敏锐地洞察到权力转移的现象，

但是他既没有发现导致权力转移的最重要的原因，也没有发现解决问题的关键在于为了解决"挑战—应战"问题首先要解决"应战激励"问题，即要为应战人群配置相应的资源，提升其社会地位。在大数据时代，占有数据没有处理数据重要，而后者需要专业能力。"船长"在占有数据上有优势，而作为"领航员"的专家学者凭借专业知识和学术共同体在高水平处理数据方面占有优势。决策科学化的实质是决策专业化。专业化引起的第一次权力革命是职业经理人革命，经营管理由管理专家完成，实现了所有权与经营权的分离。专业化引起的第二次权力革命，就是智语权革命或"领航员"革命。决策由专业研究与引领完成，实现决策与执行的分离（刘益东，2012b）。要实现可持续发展既要靠摆事实讲道理、转变观念，同时也要清楚一言兴邦是不现实的，仅有思想的力量是不够的，还要有话语权的力量、组织的力量和制度的力量，才能使观念、愿望、章法得以实现，否则就是一纸空文，一厢情愿。因此，应从永续发展的角度、从应对最大危机与挑战的角度来衡量人物与组织机构的重要性并据此配置资源。让满足人类永续发展需要的公共利益集团崛起，才能从根本上解决可持续发展问题。公共利益集团由包括学界、智库、智库产业、智库知识分子（务实理性，考虑可行性的知识分子）和公共知识分子在内的各种服务于社会永续发展的社会组织与各界人士构成。智库是面向未来的，满足人类永续发展的需要是智库的根本任务。智库产业的兴起与改造市场经济体制是相辅相成的。新的市场机制应该对人类的长远需要和永续需要做出灵敏响应，就像目前的市场机制对满足人类眼前需要做出灵敏响应一样。新的市场机制能够促进智库产业的发展，能够促成公共利益集团的形成与崛起。显然国际学界并没有形成这样的认识，美国等西方智库更没有向这个方向努力，这也是国际上可持续发展理论的根本缺陷，是基本思路的失误（刘益东，2007）。所以，我国发展智库及智库产业，一方面要借鉴西方发达国家的有益经验，另一方面也应该勇于创新，在可持续发展这一更大框架内创造性地设计和发展智库与智库产业。

五　主要结论与政策建议

本文针对目前智库热的五个误区进行了分析,提出我国智库发展要迈出关键的两步:第一步是甄选一流智库专家,明确以突破论英雄;第二步是明确以思想评智库,以建设思想市场来促进智库的快速发展,实施"一个中心、一个基础、三个面向"的发展战略:以一流人才为中心、以务实建设思想市场为基础,面向市场、面向各级政府、面向国际前沿来发展智库及智库产业。高端智库的第一要务是出思想,而思想来自个人。当务之急就是解决一流智库专家的甄选问题,建设智库需要足够数量的一流人才方可有效驱动。根据智库的"高端智力、面向世界、面向未来"的核心属性和所需要的组织方式及社会条件,得出五点主要结论和相关政策建议。

(一) 主要结论

1. **何谓一流智库专家和智库思想家**。一流智库专家是在各种重大问题及对策研究领域做出突破性贡献的专家学者,是世界上在细分研究领域前沿做得最好的专家学者,他们往往就是智库思想家。智库思想家包括战略思想家、科技思想家、商业思想家、教育思想家、军事思想家、政治思想家等,凡是在重大问题及对策研究领域得出突破性成果并因此提出新观念、新思维、新思想的专家学者可称为智库思想家。

2. **以突破论英雄**。一流人才分为成名与未成名两类,共同之处是都已经得出突破性成果。前者显而易见,关键是如何及时甄别潜在一流人才。从出新思想的角度看,潜在一流人才可能更重要。出思想通常具备内容要件与形式要件,前者是做出新突破并由此产生新观念、新思维、新思想;后者则是著书立说。利用开放式评价、"成果&行为"创新人才评鉴法和"学者—标志点"关联展示,针对突破性成果的突破点四要素和乐于公开展示及演讲两大特点来甄别一流智库专家,体现出"以突破论英雄、以行为识英雄"的原则,通过规范展示和规范确认,使一流智库专家规范胜出。

3. 成立战略家工作室。利用上述方法甄别出一流和潜在一流智库专家，给予优惠条件。比照国家有关科技人才发展规划提出的设立世界一流水平的科学家工作室的设计，成立一批战略家工作室。实行首席战略家负责制，由首席战略家自组团队、自主管理、自由探索、公开考核、公平竞争，强化专业性。采取开放式评价、公开平等竞争、公开透明考核的运作方式。首席战略家要规范展示自己的标志性突破成果，要以突破点四要素和"学者—标志点"的方式公开展示，让用户、学术界及社会清楚了解其在相应的专业研究领域的优势地位或领先地位。

4. 发展我国智库的"一个中心、一个基础、三个面向"。以一流人才为中心，没有一流人才就没有一流智库；以务实建设思想市场为基础，没有思想市场就没有一流智库，就像没有市场经济就没有一流企业一样，没有思想市场最大的损失就是国家和社会难以得到一流人才的智力服务。"国际无禁区，国内有平衡"的做法务实可行，可以有效解决一流人才及时胜出问题；"面向市场、面向各级政府、面向国际前沿"，在重视政府需求的同时，应充分面向市场，为企业和公众服务，充分面向国际前沿，为国际社会服务。思想市场建设的一个重要举措就是确立"以思想评智库"的原则，它是针对高端智库的评价原则。开放式评价是实现这一原则的有效方式。该原则既有利于一流人才胜出，又能促进高端智库的成长。以思想评智库也为用户、学界和公众提供了一个快速甄别高端智库和思想库的有效方法：看它们有几本出思想的学术专著作为镇"库"之宝。就像博物馆的精华取决于镇馆之宝一样，高端智库的核心竞争力取决于其作为镇库之宝的思想专著，是新思想体系决定了该智库在世界智库前沿的地位与国际影响力。

甄别智库的方法可以归结为"智库三问识别法"：一问贵库有几本"镇库之宝"，作者是谁；二问它们是在哪些重大问题及对策研究领域做出新突破而取得的，因此产出了哪些新思想、新观念、新思维，并规范展示其突破点四要素；三问它们在相应的专业领域的国际前沿地位如何，已经或可能产生的影响是什么。显然,"三问识别法"可以快速甄别高端智库和思想库,也可以以此为基础进行高端智库排名。在以思想评智库的评价原则之下,能够贡献"镇库之宝"的一流智库专家必然受到善待和重视。不用说,将第一问改为"您有几项标志性成果(镇"斋"之宝),标志点是什么?",其他两问不变,则"三问识别法"同样适用于对杰出学者的快速甄别,适用于"千人计划"等高端人才计划的人才遴选。用"以突破论英雄"原则,破除条条框框,真正做到不拘一格降人才。"三问识别法"简明有效,是内行而挑剔的用户的鉴宝利器和去伪存真的"护宝锤"。显然,名符其实的高端智库、思想库和一流智库专家都应该经得住这"三问",并且应该主动欢迎这样的质询,把它看做公开展示和传播自己新思想和竞争优势的绝好机会,用"三问三答"的方式可以快速识别智库和智库专家的核心竞争力。因为新思想是可以说出来的,"镇库/斋之宝"是可以拿出来的,所以利用"三问识别法",用户、学界、媒体和公众可以方便地进行快速甄别和监督(深入评鉴则需要开放式评价),有助于实现公众理解智库,公众监督智库。本文强调发展智库产业是提升我国智库水平和国际竞争力的有效途径,应利用好已经存在的准思想市场——高端咨询业与文化创意产业的市场,可以在智慧城市建设中优先重视创建"智库文创产业园"。在国际前沿方面,亚洲急需一流智库。一流智库专家可以在国际思想市场上竞争胜出。

5. **在可持续发展框架内重新定义智库**。高端智力、面向世界、面向未来是智库的三大属性,满足人类永续发展的需要是智库的根本任务。高端智库更要参与国际竞争,应对人类面临的挑战。要实现可持续发展仅靠摆事实讲道理、转变观念是远远不够的。关键是要实现激励均衡,合理配置资源,即满足人类永续需要与满足人类眼前需要所得到的激励与资源配置要均衡。"应战激励"要充分,从而使满足人类永续发展需要的智库产业集团和公共利益集团崛起。强调公共政策研究窄化了智库的功能,强调非营利性更无法实现激励均衡。只要把研究报告的资金来源和立项背景交代清楚,研究符合学术规范,就能避免误导。在公开透明、公平竞争的思想市场中，营利与否并不重要，研究者的动机无足轻重，重要的是思想产品的规范性和高质量，科学事业的成功就是明证：无论科学家是为了追求真理还是为了出人头地，只要遵循学术规范，就能做出有价值的知识贡献。

（二）政策建议

创建一流智库应从甄选一流智库专家开始，具体方法是在全球范围内进行智库及智库相关领域（软科学等）的成果盘点，即对近年来（例如 2000 年至今）关于经济、科技、教育、军事、政治等主要社会及交叉领域的重大问题及对策研究的突破性成果进行盘点。可以通过互联网举办全球华人战略思想论坛或智库思想峰会等来进行盘点。虽然入选的是华人成果，但是为了对比，应同样包括全世界的各种智库及相关领域的前沿思想成果。这种盘点相当于智库界的思想奥运会，利用学术新媒体与评价新标准及新方法让一流人才和潜在一流人才及时胜出。具体内容主要有四点：①盘点范围是国内外（主要是发达国家与国内）华人学者的成果以及同类的国际前沿思想成果（供对比用）。②入选标准为"高门槛 & 宽门框"，"高门槛"是指入选成果必须是突破性成果，是在细分研究领域全世界做得最好至少也是因做出新突破而居于前沿地位的成果，当然，突破有大有小，门槛也不宜过高；"宽门框"是指该成果已经得到学界公认或者虽然尚未得到公认但是基本符合突破点四要素特征（通常也得到了一些同行的认可或关注）。③突破点四要素规范展示。对于学者来说，只要按照突破点四要素——突破什么（学术定论、主流共识、思维定式、研究范式、现行做法、学术僵局）、如何突破（问题——突破思路）、突破的创见（主要结论）和突破的前景（开拓新域）——来逐项填写并规范展示，就可以清楚地显示出自己在学术前沿的位置。因为科学不是谦虚的事业，科学是挑战权威、追求卓越、敢为人先、后来居上的事业。只要自认为做出了新突破并且成果已经发表，学者往往会津津乐道，不会因为谦虚而低估或埋没自己的新成果。实事求是地按照规范写出四个要素是学者分内之事，与狂妄自大无关。当然，如果不仅用文字展示突破点四要素，而且还以四要素为提纲作20分钟的学术报告，像TED演讲一样，会有更好的效果，是金子就乐于发光，有突破、出思想就愿意宣讲。如果愿意，也可以用"学者—标志点"的方式给自己贴标签。职业学者的规范展示可以让可能的突破性成果及时胜出，该学者也就可以成为入围的一流智库专家。④运用开放式评价对规范展示的突破性成果进行规范确认，进行定位、查新、挑错、荐优、比较与综合，最终确定一流智库专家人选。这种盘点与展示也适合其他学术领域的技术人才的甄选。开放式评价的可操作性与突破点四要素展示的神奇性在于，只要面对包括同行在内的学界与公众，公开规范地展示成果的突破点四要素并接受查验与确认，就能够产生良好的效果。开放式评价特别适合用于对突破性成果和杰出人才的评价，能够真正做到通过公开实现公平公正，通过公开实现高效合理。当然，也可以全面盘点近年来世界各国智库的思想成果，可称为国际战略思想论坛或智库思想峰会。应由有公信力的机构（权威机构或通过程序与规范获得公信力的机构）来举办这种网上论坛或峰会。

当然具体实施方法还可以更加简洁明朗：面向国际学术和智库前沿，按照学者、职业智库专家的人员要求，按照做出新突破、提出新思想的成果要求，按照"问题—研究思路—结论"和突破点四要素或更简要的突出独创性贡献的阐述方式要求，录制20分钟左右的学术演讲影像，像TED一样，放到网上论坛即可。思想是个人的，原创性思想往往以学术专著的方式加以系统阐述，正如胡乔木所说"社会科学研究最重要的工作就是著书立说"，社科领域、智库领域的思想家的基本特征是愿意著书立说，这也是出思想的形式要件。因此公开展示标志性学术专著并按照突破点四要素加以规范说明与展示，则新思想跃然纸上、一目了然，思想家会脱颖而出。"以突破论英雄，以思想评智库"就是强调出思想，而出思想就应该愿意公开规范地展示新思想、传播新思想。开放式评价与"成果＆行为"创新人才评鉴法，可以保障这种方式的合理性与有效性。只要展示平台够规格，就能群贤毕至，让真正的智库思想家脱颖而出。智库产业是智慧城市的灵魂,结合智慧城市建设举办全球的智库思想奥运会、盘点与展出各国著名智库的"镇库之宝"也是很好的商业策划方案。这样可以用较少的经费立竿见影地甄选出一批一流和潜在一流智库专家。为他们成立战略家工作室,或充实到已有的高端智库之中,以促进我国智库水平与影响力的快速提升。

参考文献

刘益东,2013,《开放式评价与前沿学者负责制——胜出机制变革引发的云科学革命》,《未来与发展》第 12 期。

李醒民,2010,《学术创新是个人主导的个人行为》,《科学时报》10 月 29 日。

刘益东,2014a,《设立战略家工作室,创建世界一流思想库》,《科技创新导报》第 14 期。

刘益东,2007,《智业革命——致毁知识不可逆增长逼迫下的科技转型、产业转型与社会转型》,当代中国出版社。

刘劲杨、刘永谋,2004,《人文社会科学评价问题学术研讨会综述》,《中国人民大学学报》第 2 期。

李晓轩,2004,《科研拔尖人才的成才规律与启示》,《科学学研究》第 3 期。

邱均平,2006,《"金牌优先"法则应用于科研人才评价的思考》,《图书情报知识》第 7 期。

刘益东,2014b,《"高门槛 & 宽门框"的杰才标准与开放式评价:实施新型的学术带头人负责制是科技体制改革的突破口》,《未来与发展》第 9 期。

刘益东,2008,《伽利略式的革命:创新点展示评估法与查新识人才引发的人才革命和科学革命》,《时代教育》第 5 期。

刘益东,2012a,《1/99 法则、SOS 法则与前沿学者及智库思想家》,《科技创新导报》第 36 期。

刘益东,2009a,《通过电子学务革命迅速提升我国自主创新能力》,《科技创新导报》第 27 期。

林毅夫,1995,《本土化、规范化、国际化——庆祝〈经济研究〉创刊 40 周年》,《经济研究》第 10 期。

刘益东,2009b,《创新力度:评价学术成果的首要标准》,《科技创新导报》第 36 期。

庞中英,2006,《建立亚洲自己的思想市场》,《世界知识》第 19 期。

周其仁，2013，《思想市场与中国下一步》，《东方早报》9月10日。

刘益东，2012b，《提升智语权和智媒实力，实现中国智库的快速崛起》，《未来与发展》第12期。

刘益东，2000，《人类面临的最大挑战与科学转型》，《自然辩证法研究》第4期。

刘益东，2014c，《大IT革命初论》，《科技资讯》第24期。

刘益东，2014d，《致毁知识与科技危机：知识创新面临的最大挑战与机遇》，《未来与发展》第4期。

Evaluating the Thinkers Based on Breakthroughs and Judging the Think Tanks by Original Ideas

——The construction of the first-class Think Tanks should start from the selection of top thinkers

Liu Yidong

Abstract：The top priority of advanced Think Tanks is to create ideas and take part in international competitions. International influence of Think Tanks is gained by its production of new ideas, and ideas are originated from individuals. Therefore, the first-class Think Tanks will not exist without the help of top talents, or the first-class Think Tanks can never be established unless an idea market has been formed, which is just like that the first-class enterprises will never appear without market economy. The first-class talents include the well-known and the potentially well-known ones, however, only the latter are the source of new ideas. The latent first-class talents can be rapidly selected through the following methods: open evaluation, "achievement & behavior" evaluation frame, four factors of the breakthrough point and "scholar – symbol". And then the society should establish strategist studios for them or let them work in the existing advanced Think Tanks. Based on analysis of the misunderstanding of Think Tanks, the paper proposes that the development of our country's Think Tanks should take two key steps: the first step is to select the first-class thinkers according to the rule of "evaluating the thinkers based on breakthroughs"; the second step is to establish the rule of "judging the Think Tanks by ideas", to promote the rapid development of Think Tanks by constructing the idea market, and to implement the development strategy of "one core, one foundation, three orientations", which is to make the first-class talents serve as the core and the market as the foundation, and make the Think Tanks geared to the needs of the market, the governments of all levels and the international frontier. With the help of "quasi idea market" formed by the current new academic media and cultural creative industries market, the first-class or latent first-class thinkers can emerge timely to upgrade the level and influence of our country's think tanks rapidly.

Keywords: Think Tanks, Latent First-class Talents, Idea Market, TT&M, Thinker, Scholar – symbol, Three Questions Recognition Method

(责任编辑：史晓琳)

智库发展的新趋势

任 晓[*]

摘 要：进入21世纪后，世界上智库的发展出现了两大新趋势，即国际化和网络化。这两大趋势，是21世纪全球化进程进一步发展和深化的产物。全球化促进了智库的国际化和网络化。智库的国际化和网络化是全球化在政策研究领域的反映。信息和通信技术的进步则大大推动了这一进程。智库发展的两大新趋势也是全球治理在思想界的反映。国际化更多地反映了西方智库的强势状态，网络化则更多地反映了各国智库间一种相对平等的地位。中国崛起的过程必将包括中国智库崛起的过程，这一势头正在世人面前呈现。

关键词：智库 国际化 网络化

进入21世纪以来，人类社会面临着各种层出不穷的新挑战。这些纷繁复杂的挑战日益要求人们以创新性的思想和另一种思维来应对。21世纪全球的新发展趋势，信息技术的快速发展，无疑对作为思想生产者的智库提出了新要求，也促进了智库在组织形式、运作方式等方面的发展变化。当前，全球各地区智库的发展方兴未艾。国际化和网络化是其两大新趋势。这两大趋势正对智库产生日新月异的影响。

---

[*] 任晓，复旦大学中国外交研究中心主任、教授。

一 智库走向国际化

（一）早期智库国际化现象

在某一国家建立智库，又在国外设立分支机构，最早这样做的当推卡内基国际和平基金会。两次世界大战期间，卡内基国际和平基金会就曾在巴黎建立欧洲中心，后来迁往日内瓦。之后，随着国际关系重心的转移，基金会决定关闭其在国外的分支机构而返归美国。名闻遐迩的美国兰德公司（Research and Development, RAND），除了设于加州圣莫尼卡的总部及华盛顿、纽约和匹兹堡的分部外，还在荷兰莱顿设有欧洲总部，在德国柏林和英国剑桥设有分支机构。可见，兰德公司在欧洲的地位非常重要。

另一家美国智库阿斯彭研究所（The Aspen Institute）情况与兰德公司类似。它有数个国际性附属组织，旨在延伸其网络关系和推广其运作方法，使来自世界各地的领袖人士能环绕阿斯彭研究所的会议桌参与思想对话，以便获取针对各种关键性问题的全球性视野。阿斯彭研究所的柏林分部建立于1974年，是其最早的一个国际中心，宗旨是研究当代各种重大问题并推动其思想理念的扩展，尤其致力于对欧美关系和欧洲所面临的挑战的讨论。法国的阿斯彭组织1994年设于里昂，曾着重就西欧与日本的关系和欧洲与非洲的关系举行会议和进行讨论。阿斯彭意大利分部建立于1984年，主办阿斯彭欧洲对话，聚焦欧洲统一进程，还组织各种圆桌会议等。1992年，阿斯彭日本理事会建立，研讨全球领导作用、日美经济与政治关系等问题。此后，阿斯彭又扩至马德里、布加勒斯特等地。

早先的智库国际化现象在范围上多以美欧为中心，有些也扩及日本，但在地域上仍有界线。这也是20世纪后半期全球力量对比的反映。

（二）21世纪智库国际化现象

本文所要讨论的是21世纪的智库国际化现象。在这方面，卡内基国际和平基金会领风气之先,号称自己是"第一家全球性智库"。

2007年2月,卡内基国际和平基金会提出了"新愿景",重新定义自身的作用和使命。目标是率先成为全球性智库。为此,它力求在十年间进一步筹集4500万美元资金。继1994年在莫斯科设立卡内基中心后,该会于2005年进入中国,在北京建立分支,次年又扩至中东,在黎巴嫩首都贝鲁特建立了中东中心。不久,又在欧洲"首都"布鲁塞尔设立了一个中心,因为"与欧洲合作对于实现美国的外交政策目标是至关重要的"。这样,经过20世纪80年代的收缩,把资源集中在华盛顿之后,该会于20世纪90年代成功进入莫斯科。21世纪,卡内基国际和平基金会进一步走向世界,并把自己的发展目标确定为"全球性智库"。

其中,该会在中国的部分称为"卡内基-清华全球政策中心",是设立在清华大学的中美联合研究中心。经过投入不多、波澜不惊的5年后,2010年4月,卡内基国际和平基金会与清华大学人文社会科学学院签署了合作协议,标志着该中心新阶段的开始。卡内基-清华全球政策中心试图会聚美国和中国的高级学者和专家,就中美两国共同面临的全球性挑战展开研究。这些挑战包括核不扩散和军备控制、国际经济与贸易、气候变化与能源,以及其他全球性和地区性安全问题,例如朝鲜、阿富汗和伊朗等问题。

卡内基-清华全球政策中心借鉴了卡内基莫斯科中心——卡内基国际和平基金会久负盛名的亚洲研究的一部分成功经验。该项目力图准确而清晰地向美国的政策制定者提供有关亚太地区复杂的经济、安全和政治发展状况的分析报告。一个由中国政界、商界和学术界领导人士组成的顾问委员会,为卡内基-清华全球政策中心提供建议和支持。

走向全球的脚步紧随卡内基国际和平基金会的是布鲁金斯学会。2006年,布鲁金斯在北京设立了中国政策中心,稍后又在卡塔尔首都多哈设立了中东中心,从而在东亚和中东两个重要地区保持"领先"。显然,这种地域选择不是随意做出的,而是经过了深思熟虑。对此,英国《金融时报》指出,维护美国的国家利益,更好地了解世界,抓住经济全球化的良机，谋求解决诸如全球变暖、能源安全等共同问题，寻求其他资金来源——所有这一切都是其向全球扩张的理由。[1]

瑞典的斯德哥尔摩国际和平研究所（Stockholm International Peace Research Institute，SIPRI）建所伊始就标榜其国际性——所址设于斯德哥尔摩的一家国际性研究所，而非一家瑞典的研究所，主要从事军控、不扩散及和平研究。1996年建所30周年，该所自豪地宣称其从未任命过任何一个瑞典人担任所长；董事会中，除主席外，多数成员和大多数研究人员都来自其他国家。[2] 这一情形延续至今。进入21世纪后，斯德哥尔摩国际和平研究所也加入了"国际化"的潮流，分别在布鲁塞尔、北京和华盛顿建立了分支机构、代表处或相关组织。2009年3月，该所在布鲁塞尔新设办事处，与"国际安全信息服务网"（ISIS Europe）共享办公场所。时任该所所长的美国人季北慈（Bates Gill）称，"这一办事处将是一个有用的平台，以支持研究所与欧盟各机构和官员日益增长的互动，以及与布鲁塞尔更为广泛的政策共同体的互动"。此外，该所又任命琳达·雅各布森（Linda Jakobson）女士为新设立的中国与全球安全项目的高级研究员。雅各布森于2009年3月1日开始工作，常住北京。1998~2009年，雅各布森服务于芬兰国际事务研究所（Finnish Institute of International Affairs，FIIA），为该所资深研究员和中国项目主任。雅各布森于2010年受聘转往澳大利亚悉尼的洛伊国际政策研究所（Lowy Institute for International Policy）任职。也是在2009年，SIPRI又建立了"斯德哥尔摩国际和平研究所美国同友会"，一个以华盛顿为基地的非营利组织。其职责是与SIPRI及其他伙伴合作，努力在全球安全、稳定与和平问题上传播跨大西洋的观点并寻求共同点。

卡内基国际和平基金会、布鲁金斯学会和斯德哥尔摩国际和平研究所这三家知名智库的举措，代表了21世纪智库国际化的趋势。稍早之

---

[1] 〔英〕《美国政治中心打出自己的品牌走向世界》，《金融时报》2007年2月6日。
[2] Stockholm International Peace Research Institute (*SIPRI*): *Continuity and Change, 1966–1996*, 1996, pp. 18.

前，总部设在伦敦的国际战略研究所（International Institute for Strategic Studies，IISS）于2001年7月在华盛顿设立分部（IISS-US），成为在美国哥伦比亚特区注册的免税非营利组织。它在美国代表伦敦国际战略研究所，活动内容包括与战略研究界和政府部门保持紧密联系，联络媒体，为总部在美国的个人和公司会员提供服务。其目的是把伦敦国际战略研究所的国际视野和各种项目带给美国各界相关人士，为其提供和打开一扇更大的战略辩论之窗。其实，它还有一项重要职责，即为该所筹集一定的资金。立足于美国首都华盛顿，该机构还就地区安全和相关政策议题制定自己的研究议程。

几乎同时，伦敦国际战略研究所于2001年9月在新加坡设立分部（IISS-Asia），负责其在亚洲的工作。在该所看来，尽管亚太地区总体上活力十足，日趋繁荣，但面临多种重要而广泛的安全"挑战"，因而成为伦敦国际战略研究所关注的焦点。此外，该所有1/3的会员分布在亚太地区。随着时间的推移，他们在该所的研究项目和出版物上占据越来越显著的位置。通过在新加坡设立分部，伦敦国际战略研究所欲表明自己致力于这一地区的工作，密切与亚太地区会员的关系。2002年，它首次召开了亚太地区各国防务首脑或官员会议，开启了一次重要的防务外交试验。此后，这一亚洲安全会议于每年五六月间在新加坡香格里拉酒店举行，因而得名"香格里拉对话"（更正后的名称为"亚洲安全峰会"），成为一年一度亚太各国国防部长或高级防务官员、外交界人士工作日程上的一项重要安排。2011年6月，中国国务委员兼国防部长梁光烈率团出席了"香格里拉对话"，是迄今为止出席该峰会的最高级别中国军方官员。

伦敦国际战略研究所亚洲分部的人员虽不多，却很快发挥了多种作用，包括以当地防务官员及伦敦国际战略研究所个人和公司会员为对象组织系列研讨，由来访的伦敦国际战略研究所研究人员、安全领域优秀分析家或相关政府官员主讲。伦敦国际战略研究所准备进一步扩展其亚洲分部的活动，建立与该所总体研究和出版重点紧密相关的、基于新加坡的研究项目。亚洲分部开展的研究将不仅关注亚洲地区而且关注其他地区的相关战略与安全问题。这方面典型的问题包括与中东有关的亚太问题，诸如核扩散、能源安全和海洋事务等。

在先后于华盛顿建立美国分部和在新加坡建立亚洲分部并运作9年后，伦敦国际战略研究所又建立了中东分部。此前，伦敦国际战略研究所已发起了以海湾国家巴林首都命名的高层次安全会议"麦纳麦对话"，以及巴林地缘经济全球论坛。在此基础上，伦敦国际战略研究所欲在中东地区建立分部。2010年5月14日，在巴林政府支持下，伦敦国际战略研究所中东分部正式开张，该所所长约翰·奇普曼（John Chipman）出席仪式并宣介该所。巴林外交部部长认为，该分部的建立具有三个重要意义。首先，分部是伦敦国际战略研究所在中东地区工作的中心；独立、高质量的研究和分析，与贵客、思想者、商界领袖坦诚的讨论，对巴林外交部思考地缘政治和战略问题具有重大参考价值，对其他各部、政府机关、学术机构和广大公众也是如此。其次，伦敦国际战略研究所中东分部将为"麦纳麦对话"和巴林地缘经济全球治理所进行的工作增添动力。地缘经济已是地区安全外交的支柱，巴林地缘经济全球论坛则更深入地探讨经济与安全之间的关系，这是当前及今后的一个重要课题；最后，通过"蹲点"研究，专注于一个特定的领域或外交政策的变化中的新国际环境，伦敦国际战略研究所能够成为年轻外交官、未来的大使和决策者的一个有效孵化器。实现所有这些目标，当然需要相应财力的支撑。巴林政府为该所提供了资金支持。

此外，与斯德哥尔摩国际和平研究所类似，伦敦国际战略研究所从早年开始就强调人员构成的国际化，这正是其名称中的"International"一词的主要所指，这一特点依然在保持和延续着。

（三）智库跨国性

如果说国际化是智库发展一个显著新趋势的话，那么跨国性智库的出现又是一个与之相关的新现象。欧洲对外关系委员会（The European

Council on Foreign Relations，ECFR）就是其代表。ECFR是第一家泛欧智库，成立于2007年10月，其目标是就制定以"欧洲价值观"为基础的对外政策在全欧开展研究，促进各种讨论和辩论。该会包含如下三个指导其开展活动的要素。

首先，作为一个全欧委员会，ECFR会聚了一百多名杰出人士，包括政治家、决策者、思想家和企业家。他们来自欧盟各成员国及候选国家，每年召开一次全体会议。通过地域和主题特别班子，委员会成员就政策思想为该会专职人员提供建议和反馈，帮助该会在他们各自的国家开展活动。截至2015年2月，委员会先由芬兰前总统阿赫蒂萨里（Ahtisaari）、德国前外长菲舍尔（Fischer）等担任共同主席，后由意大利前外长艾玛·博尼诺（Emma Bonino）和瑞典前首相卡尔·比尔特（Carl Bildt）继任共同主席。

其次，ECFR在主要欧盟成员国保持实体性存在，在柏林、伦敦、马德里、巴黎、罗马、华沙和索菲亚设立了办事机构。这在欧洲智库中是独一无二的。未来还可能在别的欧洲国家首都设办事处。ECFR的各分支机构都是开展研究、辩论、公关和沟通的平台。

最后，作为一个与众不同的研究和政策开发过程。ECFR通过聚焦欧洲的创新性项目推进其目标的实现。其活动包括开展第一手研究、发表政策报告、召开关门会议和进行公开辩论、在欧洲各国首都举行"ECFR之友"聚会、与重要媒体互动合作等。ECFR的资金支持来自欧美有关基金会和公司。它常与其他组织一起，作为合作伙伴携手开展工作，但不向个人或机构提供资助。

欧洲对外关系委员会试图通过泛欧方式开展政策研究和提供建议，意味着它从常见的在一个特定国家框架内运作的限制中摆脱了出来。在这一意义上，它能够从如何有利于整个欧洲角度来提出解决办法和各种建议。它的组织形式是跨国的，思维方式也是跨国的。这就不同于从某一国家出发的或作为某一国家智库的工作和思维方式。这种跨国性赋予了它与众不同的特点。

二 智库的网络化

智库发展的另一个新趋势是网络化。

(一) 国际跨国智库网络化

所谓的网络化并非指更广泛地利用互联网开展工作,而是指多家智库跨越国界建立联系网络。例如名为 The Council of Councils 的组织就是如此。这一名字用中文也许可以勉强称为"各委员会的委员会",其成员智库包括澳大利亚的洛伊国际政策研究所、比利时的欧洲政策研究中心、巴西的瓦加斯(Vargas)基金会、加拿大的国际治理创新中心(The Center for International Governance Innovation,CIGI)、中国的上海国际问题研究院、埃及的政治与战略研究中心、法国的法国国际关系研究所、德国的科学和政治基金会、印度的观察家研究基金会、印度尼西亚的战略与国际研究中心、以色列的国家安全研究所、意大利的国际事务研究所、日本的言论NPO、墨西哥的墨西哥对外关系委员会、尼日利亚的尼日利亚国际事务研究所、波兰的波兰国际事务研究所、俄罗斯的当代发展研究所、新加坡的拉贾拉南国际研究学院、南非的南非国际事务研究所、韩国的东亚研究院、土耳其的全球关系论坛、英国的皇家国际事务研究所(Chatham House)和国际战略研究所,以及美国的对外关系委员会(Council on Foreign Relations,CFR)。

由于这一网络是由美国对外关系委员会发起的,该网络的名称也具有对外关系委员会的特征。具体而言,它开始于由CFR发起的一个国际性倡议,旨在把世界各国的外交政策研究机构联结起来,对全球治理和多边合作的有关问题共同展开讨论。该网络为自己确立的使命是寻找针对共同威胁的共同认识,建立对创新性思想的支持,并在成员国家的公共辩论和政策制定过程中植入这些改进和修正理念。该网络的创会成员是来自19个国家的具有影响力的机构,大致与20国集团的成员国相对应。该网络试图促成来自守成大国和新兴国家有影响力的意见领袖进行坦诚的对话，力争达成共识。

除了一年一度的会议外，该网络为成员间探讨问题和政策合作提供实时交流的平台。CFR 及其伙伴努力试验新技术，使用视频会议、手机平台等实现集体沟通，对突发危机做出反应。该网络也拟考虑长期的结构改革问题，以促进提高主流国际机构的全球治理能力。①

（二）亚洲跨国智库网络化

在亚洲，也出现了智库网络化的发展趋势。较早形成的是由东盟各成员国各出一家智库建立的东盟 – ISIS 网络，② 而最具代表性的是在东盟10 国加 3 国（中、日、韩）的框架下成立的东亚思想库网络（Network of East Asian Think Tanks，NEAT）。

东亚思想库网络是"10 + 3"东亚区域合作机制中第二轨道外交的一个活动平台，是"10 + 3"东亚国家领导人会议正式认可的学术交流与研究机制。其宗旨是，整合东亚地区的学术力量，加强思想和学术交流，为推动东亚合作提供智力支撑。具体来说，就是要通过建立东亚国家思想库，以及政府和企业界的网络化联系，形成政、学、产三方互动，共同研究东亚合作面临的重大问题，形成推动东亚区域一体化的战略性思路和具体的政策建议，并向"10 + 3"领导人会议报告研究成果。它的由来是，2002 年下半年，作为东亚区域合作机制第二轨道的"东亚研究小组"（East Asian Studies Group，EASG）形成了一份最终研究报告，详细地提出了关于推动东亚更加紧密合作的 17 项短期措施建议，其中一项建议就是在"10 + 3"东亚区域合作框架内建立一个"东亚思想库网络"。该报告提交给 2002 年 11 月在柬埔寨首都金边举行的"10 + 3"领导人非正式会议，并在会议上正式获得通过。会上，中国主动认领了这

---

① 参见 http://www.cfr.org/projects/world/council – of – councils。
② 沈鑫、冯清云：《东盟第二轨道外交智库——东盟战略与国际问题研究所的缘起、成就与挑战》，《东南亚纵横》2011 年第 5 期。需要强调的是，该文所讨论的"东盟战略与国际问题研究所"并非某一家研究机构，而是一个智库网络。

项任务，落实"东亚思想库网络"的建设。中国的大方和开明得到了东亚国家领导人的一致认可。

2003年初，中国完成了建立"东亚思想库网络"的国内行政审批手续。在同年6月召开的"10+3"外长会议上，中国正式提出了"东亚思想库网络概念文件"，并提供了中方参加网络的成员名单，还推荐"中国亚太学会"负责思想库网络协调员的工作。"东亚思想库网络"协调单位现为中国的外交学院，协调员为该院院长或常务副院长。学院下属的亚洲研究所（前身为东亚研究中心）负责实际工作和日常事务。

东亚思想库网络的结构为：其成员是"10+3"东亚合作机制的成员国，包括文莱、缅甸、菲律宾、印度尼西亚、马来西亚、新加坡、泰国、老挝、柬埔寨和越南等东盟国家，以及中国、日本和韩国。具体参加者是各国发挥思想库作用的学术机构。中国的外交学院和泰国的法政大学为该网络的中期协调员，负责整个机制的联络与协调工作。每个国家有一个国家协调员，负责其国内思想库的协调工作，并与中期协调员直接联络。

东亚思想库网络的具体活动有如下几方面。

第一，举办"东亚思想库网络"成员单位年会，促进东亚国家思想库之间的直接交流，通过对东亚地区一体化进程中重大问题的研究，形成年度研究报告，提交给"10+3"东亚领导人非正式会议。

第二，创建东亚思想库网络网站，使之成为官方和学术界沟通的桥梁、学者间交流东亚研究成果的渠道，以及面向东亚公众传播东亚知识的平台。

第三，不定期地召开关于东亚区域合作的专题国际学术研讨会，推动关于东亚区域一体化和地区共同体建设的理论研究，促进东亚区域合作的理论框架、战略性思维和具体政策的形成。

第四，就东亚区域合作面临的重大问题，以工作组的方式进行专题研究，提出解决问题的思路和办法。

第五，与其他东亚地区第二轨道机制相互协调，形成推动区域合作的合力。[①]

东亚·东盟经济研究中心（Economic Research Institute for ASEAN and East Asia，ERIA）则是另一种国际性的网络。它以日本为主出资，建立于印度尼西亚首都雅加达。可以说，ERIA 是在东亚区域经济一体化进程中应运而生的。随着建立东亚共同体被确立为东亚合作的长远目标，日本于 2006 年提议设立东亚·东盟经济 ERIA。次年 11 月，第三届东亚峰会举行，同意设立 ERIA。2008 年 6 月 3 日，该研究中心正式成立，来自东亚峰会 16 个成员国家的理事出席了成员大会，越南中央经济管理研究所所长当选为理事长，首任秘书长由日本的西村英俊出任。

ERIA 是国际性研究机构，为首脑会议、部长会议的政策需求提供具体建议。该机构以高水平研究为指向，通过产业界、官方和学术界三方面进行政策讨论，进而促进与市民社会的相互理解。ERIA 还致力于缩小区域内经济差距，提高发展中国家的政策立案和研究能力。该机构定位为东盟以及东亚地区的公共财产，构筑经济领域研究的共同平台，同时与世界上优秀的研究机构和国际机构合作，使区域经济一体化向世界开放。

ERIA 为东亚地区经济发展献计献策的努力，在正式成立之前的筹备阶段就已开始，其中有两个研究项目的工作颇获佳评。一项是"东亚区域能源安全保障"，另一项是"东亚经济一体化的路线图"。第一项研究报告于 2008 年 8 月 7 日提交给在泰国举行的东亚能源部长会议，得到的评价是：部长们从报告测算的能源需求展望中，认识到有必要进一步提高能源效率和加强能源保护；部长们期待 ERIA 继续调查研究，为能源政策提供有价值的建议。第二项研究报告于 2008 年 8 月 28 日提交给在新加坡举行的中国与东盟经济部长磋商会，得到的评价是：部长们对 ERIA 的研究活动表示欢迎，期待今后针对经济一体化的深化、缩小经济差距、实现可持续开发等提出实用性的政策建议，特别对东亚产业大动

[①] 参见 www.neat.org.cn。

脉的构想表示欢迎。部长们同意把 ERIA 的研究成果向东亚首脑报告（于青，2009）。

(三) 非跨国智库网络化

除了上述规模较大的智库网络以外，还有小型网络，一般是某一个国家的两三家智库之间的联手，可视为小型的网络化。2007 年，日本国际问题研究所（The Japan Institute of International Affairs，JIIA）、和平·安全保障研究所（Research Institute for Peace and Security，RIPS）和世界和平研究所三家重要国际事务智库组成了日本战略研究机构联盟，出版英文电子刊物《AJISS 评论》。在美国，则有布鲁金斯 - 美国企业研究所（American Enterprise Institute，AEI）管制研究联合中心，以及城市研究所 - 布鲁金斯税收政策中心等，亦属此类。

三　中国相关主体在智库新趋势下的作为

(一) 中国智库在新趋势下的作为

随着中国国际地位的提升和智库的成长发展，中国在智库的国际化和网络化进程中正在扮演着比过去更加重要的角色，在思想的世界中发挥平衡乃至引领作用。

2009 年 7 月，在全球金融危机发生的背景下，首届全球智库峰会在北京举行，峰会的主题为"全球金融危机与世界经济展望"，主办此峰会的是 2009 年 3 月成立的一家智库"中国国际经济交流中心"（简称国经中心，CCIEE）。这也是第一次以全球智库峰会的名义召开的国际性会议。

中国国际经济交流中心是经中华人民共和国政府批准成立的国际性经济研究、交流和咨询服务机构，是集中经济研究领域高端人才并广泛联系各方面经济研究力量的综合性社团组织。国经中心由国家发展和改革委员会主管，国务院前副总理曾培炎出任中国国际经济交流中心理事长。为了减少当时全球金融危机对各国经济的不利影响，早日实现复苏，在首届全球智库峰会上，该中心提出了四项倡议。

第一，智库应当发挥积极作用，为决策机构提供科学及公正的公共政策分析、建议，为公众提供科学及易懂的政策分析及信息，并提供客观的政策实施评估及新政策效果预演。

第二，智库应对影响全球经济和金融的重大问题，开展跨国界的以促进人类共同及长远利益为宗旨的战略研究，提供更多切实有效的全球危机预防及解决方案。

第三，为提升智库对公共政策的影响力，智库应在促进各经济体的政策协调、引导对经济形势的合理公共预期等方面，发挥更大的作用。

第四，全球智库之间，应展开更有效的交流与合作，通过项目合作、人员和信息交流以及研讨会，逐步建立起全球智库之间更紧密的跨国合作机制。

国经中心希望，在应对全球金融危机、安全问题、健康问题、气候变化及极端贫困等问题的挑战中，全球智库之间的合作可以带动人类为追求共同利益的合作行动，为实现人类的远大目标做出贡献。2011年6月，第二届全球智库峰会在北京市召开，全球多家智库精英围绕"全球经济治理：共同责任"这一宏观而难解的课题展开讨论。[①] 共有来自超过23个国家和地区的中外知名智库代表、专家学者、各国驻华使节，多家全球500强企业的中外企业家代表等800余人出席会议。2013年6月，中国国际经济交流中心又召开了第三届全球智库峰会，中心理事长曾培炎称，解决当前和未来人类面临的一系列重大问题，不仅需要各国政府共同努力，也需要各国智库提供智力支持，在谋划未来、提出主张、解读政策、引导舆论等方面发挥更大作用。各国智库应站在为世界各国和全人类谋福祉的高度，发挥智慧密集的优势，针对全球政治经济社会领域重大问题，提出富有前瞻性、建设性的方略和措施，以更好的思想产

---

① 参见 www.cciee.org.cn。

品促进世界各国发展与合作。包括美布鲁金斯学会董事会主席约翰·桑顿（John L. Thornton）、欧洲政策研究中心主任丹尼尔·格罗斯（Daniel Gros）等在内的智库代表出席了论坛。[①]

（二）地方行政主体在新趋势下的作为

有意思的是，中国的地方行政主体也在跨国网络的形成中发挥了建设性作用。2010年6月，"泛北部湾智库峰会"在广西壮族自治区南宁市举行。来自泛北部湾地区及东盟地区的中国、新加坡、越南、马来西亚、菲律宾、泰国、印度尼西亚等国的12家智库组成了一个网络，共商区域合作发展大计。这12家智库是：综合开发研究院（中国·深圳）、中国广西北部湾发展研究院，新加坡国立大学东亚研究所，越南中央经济管理研究院、越南社会科学院、越南计划与投资部发展战略研究所，马来西亚战略与国际研究所、亚洲策略与领导研究院、马来西亚经济研究所，菲律宾发展研究院，泰国发展研究院以及印度尼西亚战略与国际研究中心。在会上，12家智库机构发表了《"泛北智库峰会"成立宣言》（以下简称《宣言》）。《宣言》倡议发起建立"泛北智库峰会"国际会议组织（PTTF），作为中国－东盟各国智库机构进行思想互动、文化融合、信息交流、友好往来的平台。"泛北智库峰会"将定期举办，并就国际或区域性重大问题提出可行性建议，成员机构之间共享信息，在区域经济研究课题方面进行合作研究，合作机构之间加强交流等。[②] 新诞生的泛北部湾智库峰会组织，是区域经济一体化进程催生的为这一进程提供智力支持的智库网络，是本地区跨国经济合作深化的产物。

（三）高校在新趋势下的作为

中国大学的学术机构也开始在智库网络化的进程中崭露头角，其中

[①] 参见 http://www.cciee.org.cn/thinktank3/index.aspx。
[②] 《泛北部湾智库峰会组织成立》，《人民日报》（海外版）2010年6月10日第2版。

较有代表性的是大学研究机构发起并举办的20国智库研讨会。2013年8月,由中国人民大学主办、该校重阳金融研究院承办的"大金融、大合作、大治理"国际智库研讨会在北京市举行。来自20国的智库代表发布了该网络的首个《20国智库共同声明》(以下简称《声明》),《声明》认为,全球经济虽然显现复苏势头,但仍然面临一系列挑战,缺乏稳健的新增长点。20国智库呼吁,20国集团应密切关注金融市场和国际货币体系。20国智库承诺将把"防范金融市场的过度杠杆化"等13个领域作为重点研究、合作的问题。《声明》同时宣布,20个国家或区域共同体的智库将着手组建G20智库年会机制。来自美国、欧盟、中国、韩国、日本、拉美、中东等20个国家和地区的26家智库代表出席。[①] 这是中国学术机构首次召开的20国智库会议,就两周后将在圣彼得堡举行的G20峰会提出了诸多建议,还难能可贵地通过了一份20国智库共同声明,显示了中国智库一定的号召力和国际影响力。

四　结论

智库的国际化和网络化这两大新趋势,是21世纪全球化进程进一步发展和深化的产物。全球化催生了智库的国际化和网络化,智库国际化和网络化是全球化在政策研究领域的反映。其中,国际化通常表现为财力雄厚的智库在空间上的延伸扩展,他们有能力和意愿把自己的触角伸向距离遥远的地区。而信息和通信技术的进步又大大促进了这一发展,它使身处世界不同地区的人们进行实时对话成为可能。视频会议使人们虽远隔万里却能实时沟通讨论,智能手机的普遍使用使人们一机在手便能随时随地对话,等等。这种国际化趋势,仍反映了西方智库的强势地位,反映了其颇为强大的影响力和辐射力。与此同时,它们还能借他国(如本文述及的东南亚国家新加坡、海湾国家巴林等)之力为其所用。这本身就是一种软实力的体现。以欧洲对外关系委员会为代表的跨国化

---

① 参见 http://rdcy‑sf.ruc.edu.cn。

则是欧洲一体化在智库发展方面的折射。伴随着欧洲一体化的深入，可以预计智库的跨国化也会在广度和深度上不断扩展。

其次，智库发展的两大趋势也是全球治理的需要在思想界的反映。众多跨越国界乃至全球性公共问题的存在，不断呼唤全球治理的加强。这一状况和情势，是过去未曾有过的。全球公共问题广泛存在，日益需要各类智库和研究界提出新思想、新创意、新举措。这些共同问题和挑战，也促使各国的智库走到一起，共同探讨，共同摸索，从而推动了智库网络化趋势。如果说国际化更多地反映了西方智库的强势状态，那么，网络化则更多地反映了各国智库间一种相对平等的地位。新兴国家正在快速崛起，西方智库已不能无视这一客观事实。伴随着新兴大国力量的增强，他们所主张的思想也将逐步被关注。虽然二者并不一定同步而且有差距，但二者间存在着某种关联性是毫无疑问的。

中国崛起于世界的过程也必将是中国智库崛起于世界的过程。这一势头实际上正在世人面前呈现。以北京大学国际战略研究院（前身为国际战略研究中心）为代表的若干大学智库以及本文述及的中国国际经济交流中心的迅速崛起就是很好的例证，它们在推动智库国际化和网络化的进程中已初试啼声，并有望在未来的岁月中大放光彩。

参考文献

于青，2009，《为东亚发展献计献策——访东亚·东盟经济研究中心秘书长西村英俊》，《人民日报》2月23日，第3版。

The New Trends of Think Tanks Development

Ren Xiao

Abstract: This paper argues that, in the 21st century, two trends have emerged in the Think Tanks world, namely, internationalization and interconnectedness. The two trends have resulted from the further development and deepening of globalization. Globalization has given birth to the internationalization and interconnectedness of Think Tanks, while internationalization and interconnectedness reflects globalization in the field of policy research. The progresses made in information and communication technologies have greatly accelerated this development. These two trends in Think Tanks development have also reflected the higher demand for global governance in the intellectual world. Internationalization embodies the advantages of Western Think Tanks, While increasing interconnectedness more reveals the relative equality of Think Tanks among nations. The process of China rising will inevitably also be the process of the rise of China's Think Tanks. In fact, this is currently unfolding before us.

Keywords: Think Tanks, internationalization, interconnectedness

（责任编辑：张艳丽）

·外国智库研究·

美国智库的组织结构及运作模式

——以布鲁金斯学会为例[*]

周　琪[**]

摘　要： 在全球化不断发展的今天，智库的作用日益突出。当前我国进入经济新常态，新型智库的研究和实践越来越受到重视。本文以布鲁金斯学会为例，深度剖析美国智库的组织结构、运作机理及资金来源等。

关键词： 美国智库　组织结构　布鲁金斯学会

一　智库的定义

智库一般是指非营利的、非党派的（但并不一定是非意识形态的）、独立于政府的、从事国内或外交政策问题研究的组织。[①] 不同的智库在组织规模、资金来源、研究专长方面有很大差异，但有一点是相同的，即都想影响公众舆论和公共政策。

根据2015年1月22日发布的《全球智库报告2014》，目前全球共有6681家智库，其中美国1830家，中国429家，英国287家，是世界智库

---

[*] 本文原发表于《人民论坛》第35期。感谢社会科学文献出版社博士后科研工作站博士后杨志蓉所做的缩编与最新资料的补充。

[**] 周琪，清华大学国家战略研究院执行院长、资深研究员。

[①] 参见 Donald Abelson: "Think Tanks – Definition, Their Influence and US Foreign Policy," http:// www. exploringgeopolitics. org/Interview_Abelson_Donald_Think_Tanks_Definition_Influence_US_Foreign_Policy_Public_Opinion_Ideas_Media_Non_Ideological_Partisan_Defense_Research_Heritage_Brookings. html.

数量最多的三个国家。美国作为传统的智库强国，共有6家入选全球十大智库，美国布鲁金斯学会名列前茅。

二 美国智库的作用途径和方法

美国智库主要通过以下五种途径直接或间接地影响政府的公共决策。

（一）通过发表研究成果影响政府决策

智库通过出版著作、期刊、研究报告和简报等方式来阐述观点和提出对策建议。通过这些出版物，智库可以影响美国决策者的外交政策理念，或者政府在具体政策上的选择。研究报告对政府实际政策影响比较大。

2006年美国战略与国际问题研究中心成立了一个由前副国务卿理查德·阿米蒂奇（Richard Armitage）和软权力概念的提出者约瑟夫·奈（Joseph Nye）领衔的跨党派的"巧权力委员会"。委员会于2007年11月发表了一份报告，要求美国政府制定更为全面的大战略，把硬权力和软权力结合起来形成"巧权力"，即在用武力打击美国敌人的同时，通过威慑、劝说和吸引来减少敌人的数量，以此来应对全球恐怖主义的威胁（Armitage and Nye，2008）。这一观念被奥巴马采纳。他在竞选中和竞选获胜之后，都表示他的政府将摒弃单边主义，更加重视多边合作，并主张以硬权力和软权力的结合来领导世界。

奥巴马当选总统之后，在美国国内外的外交政策圈中出现了一批要求新政府重新思考美国在亚太地位的政策分析报告，如柯特·坎贝尔等（Kurt Campbell et al.）在2008年6月发表的名为《平衡权力：美国在亚洲》的报告。该报告指出，在小布什政府时期，"虽然美国也在亚洲取得了一些战术上的成就，加强了美国与日本和韩国的同盟关系，与中国和印度进行了更多的建设性交往，但是这些战术性的成果并没有集合成为一个成功的全面战略。美国的战略由于偏重于伊拉克和阿富汗而削弱了其向亚太地区进行重大权力转移的能力，这对美国传统上在这一地区平衡权力的作用构成了很大的挑战"。受这些智库分析报告的影响，奥巴马政府在2010年调整亚太政策，采用了"战略再平衡"战略。

（二）在国会委员会审查立法的听证会上作证

在国会委员会审查立法的听证会上，除政府官员、利益集团的代表外，智库学者也常常被邀请在听证会上作证。通过作证，他们获得影响国会立法的机会，还可以通过国会记录受到媒体和学术界的广泛关注，从而扩大他们的影响力。

（三）举办公开论坛或研讨会等

智库经常就国内外的热点和重点问题举办对公众开放的论坛、研讨会、新书发布会、纪念会等，以此同政府官员、同行、媒体和公众进行交流和互动。例如2011年秋冬在威尔逊中心举行了一场智库人士之间关于美国对台湾政策的辩论，辩论的主题是"美国是否应抛弃台湾"。这场辩论是由一篇发表在《外交》杂志上的文章引发的。该文章建议停止对台湾出售武器，理由是，台湾问题是可能在中美之间引起战争的唯一原因。虽然这场争论最终并没能改变美国对台军售政策，但引起了美国政策界的广泛关注和思考。

（四）开设政府官员培训项目

兰德公司、对外关系委员会、美国企业研究所、卡内基国际和平基金会等重要智库都设有对国务院官员的培训项目。大西洋理事会则设有对国防部高级军官的培训项目。

（五）通过媒体间接影响公共政策决策

媒体是智库学者传播观点、影响公众讨论，从而间接影响公共政策决策的重要途径。因此智库学者非常重视同记者建立联系，通过媒体发出自己的声音。

三 案例研究——布鲁金斯学会

布鲁金斯学会是美国历史较悠久的智库之一，多年来其影响力都居于全球和美国的前列。下面以布鲁金斯学会为例，梳理美国智库在组织结构、管理、运作方式以及资金来源等方面的特征。

（一）布鲁金斯学会的发展历程

布鲁金斯学会主要从事社会科学方面的研究和教育。1916年，美国慈善家罗伯特·布鲁金斯（Robert Brookings）创建了"第一个致力于在全国层面上分析公共政策问题的组织"，即政府研究所。他还资助成立了经济研究所和罗伯特·布鲁金斯研究生院。1927年12月8日，这三个机构合并成为布鲁金斯学会。第一任总裁是哈罗德·莫尔顿（Harold Moulton）。

在大萧条期间，布鲁金斯学会的经济学家发起了大规模的研究来解释大萧条的基本原因。哈罗德·莫尔顿和其他经济学家在罗斯福新政时期做出反对新政政策的努力，因为他们认为新政措施阻碍了经济复苏。1941年，当美国介入第二次世界大战时，布鲁金斯学会的学者转向支持政府。1948年，布鲁金斯学会被政府要求起草一份有关管理欧洲复兴计划（马歇尔计划）的建议。从1952年罗伯特·卡尔金斯（Robert Calkins）继任第二任总裁起，布鲁金斯学会开始从事政策研究。卡尔金斯从洛克菲勒基金会和福特基金会获得了对布鲁金斯学会有保障的资助，并围绕着经济研究、政府研究和外交政策项目重组了学会。布鲁金斯学会为美国制定马歇尔计划和建立国会预算办公室做出了贡献，并对解除规章、税收改革、福利改革和对外援助政策产生了重要影响。

（二）布鲁金斯学会的组织和管理

布鲁金斯学会是一个非营利组织，严格遵守美国税法的有关规定。

布鲁金斯学会的最高决策层是董事会。当前的董事会共有83名成员[①]。他们都是著名的企业家、银行家和学者。布鲁金斯学会的日常运行由总裁负责。总裁是制定政策和执行政策的首席执行官，负责推荐研究项目，批准出版项目，甄选研究员。行政办公室、总顾问办公室、总经理办公室三个机构支持总裁的工作。

在总裁之下，学会由两个部分构成，一是行政管理部分，包括财务部、运营部、联络部、发展部和出版社5个部门，分别对资金、后勤服务、媒体服务、人事与培训以及出版社进行管理。每一个部门由一名副总裁主管，其兼任该部门的总监或主任，并直接对总裁负责。二是研究部分，根据研究领域划分为五个部门，分别是外交政策部、全球经济与发展部、经济政策部、城市政策部、治理研究部。每一个部门也由一名副总裁主管，并下设若干个研究中心。

布鲁金斯学会是围绕着研究而运转的，其他非学术研究部门都为研究服务，因研究而存在。高质量的研究成果是布鲁金斯学会的生命，也是该学会生存和发展的基础。下面简要分析研究部分的五个领域：一是外交政策部，下设塞班中东政策研究中心（包括设在多哈的中心），约翰·桑顿中国研究中心（包括设在北京的中心），美国和欧洲研究中心，东亚政策研究中心，外国境内流离失所者项目，拉美倡议，21世纪安全与情报中心。外交政策部是布鲁金斯学会中获得预算最多的研究部。二是全球经济与发展部，下设发展援助与治理倡议，拉美经济与社会政策倡议，非洲增长计划，统一教育中心。三是经济政策部，下设英格堡医疗照顾改革中心，儿童与家庭中心，社会动态与政策中心，退休保障项目，布鲁金斯城市税收政策中心，汉密尔顿项目，商业、政府和创新倡议。四是城市政策部，下设大华盛顿地区研究计划。五是治理研究部，下设布朗教育政策中心，技术创新中心，行政

[①] 资料来源：布鲁金斯学会网站，http://www.brookings.edu/about/leadership/trustees。

教育中心。① 国际研究是布鲁金斯学会最大的研究领域，也是近年来扩大最快的领域。布鲁金斯学会组织结构如图 1 所示。

布鲁金斯学会的使命是"提供有创新的、实际的政策建议，以促进三个广泛目标：加强美国的民主；为所有的美国人创造经济和社会福利、安全和机会；确保一个更开放、安全、繁荣和合作的国际体系"。此外，"布鲁金斯学会及其学者在其研究中并不关心如何影响国家的意识形态方向，而是倾向于聘用拥有强有力学术地位的研究者"。②

根据布鲁金斯学会 2013 年的年度报告，学会的总人数为 270 人左右，包括居住在美国或国外的人员。③ 其中研究人员共有 100 多名，还有一些短期在美国从事布鲁金斯学会项目研究的客座研究员。其他人员都是管理人员或研究辅助人员，从事会务与设备管理、信息技术或图书馆服务等。他们支持了研究人员的研究工作，对于整个学会的工作来说是必不可少的。

在布鲁金斯学会中，东亚政策研究中心和约翰·桑顿中国研究中心与中国研究关系密切。下面着重介绍这两个中心。

1. 东亚政策研究中心

东亚政策研究中心（Center for East Asia Policy Studies）原名东北亚政策研究中心，是布鲁金斯学会成立较早的一个中心。虽然它的活动非常引人注目，但它实际上仅有 2 名正式研究员，包括中心主任卜睿哲（Richard Bush）。另一名是在墨西哥出生的日裔美国人，主要从事日本经济、国际经济和中国经济研究。东亚政策研究中心得到日本和韩国等东亚国家的资助，有经费邀请许多访问学者到中心做研究。他们的研究成果也都属于该中心。在过去的一些年里，日本、韩国、中国、新加坡、越南、柬埔寨、蒙古国、菲律宾、泰国，以及中国的香港和台湾等东

---

① 以上对布鲁金斯学会组织结构的介绍来自学会内部分发给每个工作人员的示意图。
② 资料来源：布鲁金斯学会网站，http://www.brookings.edu/about#research - programs/。
③ 资料来源：*Brookings Annual Report 2013*, p. 1.

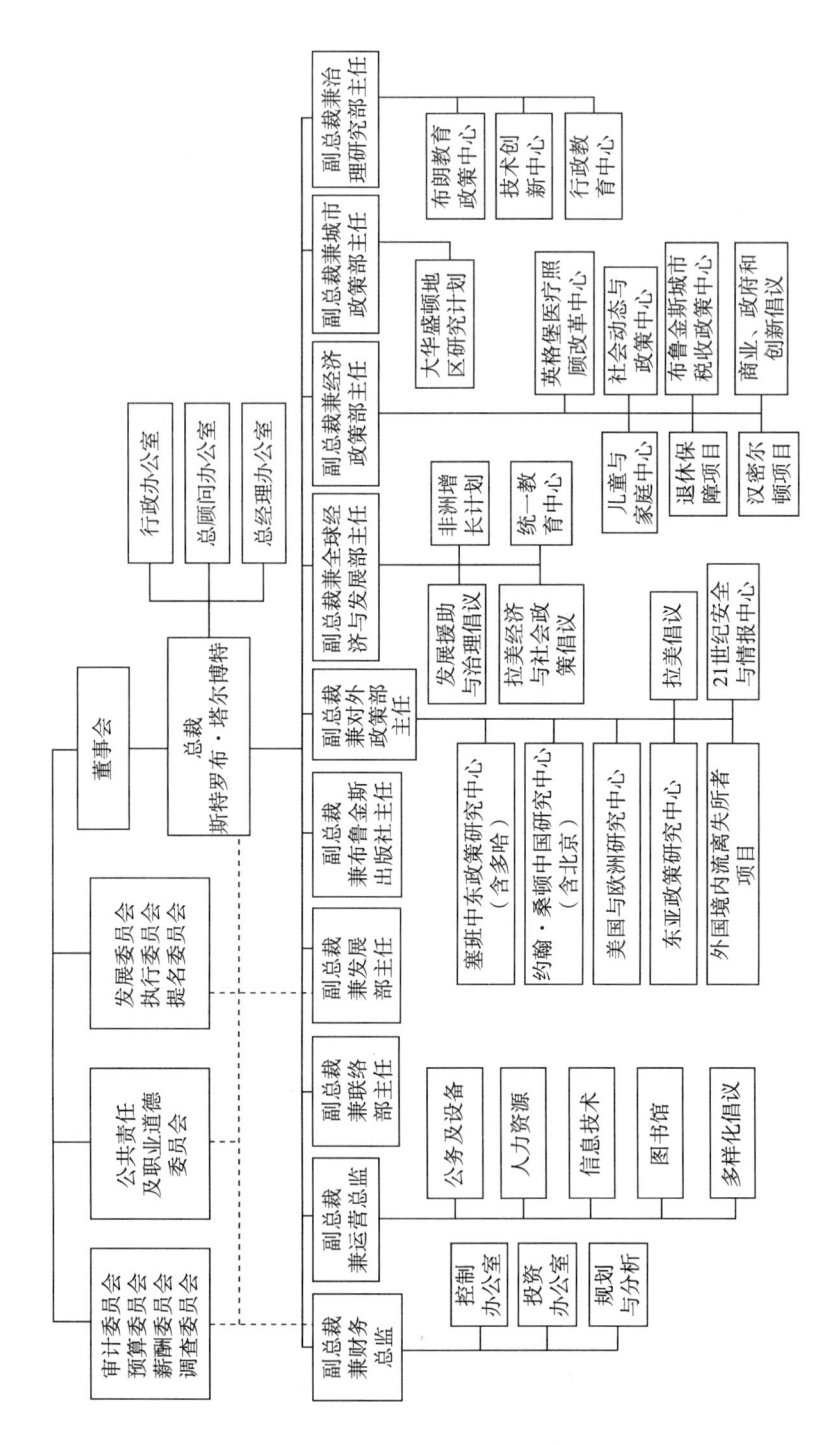

图1 布鲁金斯学会组织结构示意

亚国家和地区的访问学者都曾受邀到该中心做研究，甚至还包括俄罗斯的学者。① 在访问学者结束访问前夕，该中心会举行一次面向公众的研讨会，安排他们就自己的研究成果做发言，并回答公众提出的问题。他们的研究成果还将发表在学会的网站上。

东北亚政策研究中心更名为东亚政策研究中心，意味着研究的地域范围正式扩大到东南亚。这在一定程度上与美国把战略重心转移到亚太地区有关。美国在亚太地区的战略重点变为向东南亚地区倾斜，东亚政策研究中心的研究项目也随之扩大。从2014年起，由于经费有限，邀请访问学者的范围改变为仅限于为中心提供资助的国家，如日本、韩国等。中国不是资金捐赠国，中国学者可能不再有机会得到资助到布鲁金斯学会做研究。②

2. 约翰·桑顿中国研究中心

约翰·桑顿中国研究中心（以下简称中国研究中心）已经发展成为布鲁金斯学会国际研究领域里仅次于塞班中东政策研究中心的第二大中心，后者的成员仅比前者多一人。它是前高盛集团的首席执政官约翰·桑顿（John Thornton）捐巨资设立的。最初成立时只有3名成员，目前扩大到8名，其中7名在本部工作，1名是布鲁金斯学会设在清华大学的中心主任。中国研究中心设主任和副主任各一名，主要任务是为中心的年度预算筹款和进行行政管理，而筹款是一项繁杂的任务。这也是李侃如（Kenneth Lieberthal）辞去中心主任的原因，他不愿为筹款而占用自己宝贵的研究时间。③

布鲁金斯学会的研究人员很多都曾在政府部门和私人企业工作过，被称为"学术实践者"（Scholar Practitioner）。现任总裁斯特罗布·塔尔博特（Strobe Talbott）就是一个典型。他是一名美国外交政策专家，毕业于耶鲁大学，其职业生涯跨越媒体、政界和学术界，其研究专长是欧

---

① 资料来源：笔者2013年12月8日对布鲁金斯学会学者的访谈。
② 资料来源：笔者2013年12月6日对布鲁金斯学会东亚政策研究中心访问学者的访谈。
③ 资料来源：笔者2013年12月8日对布鲁金斯学会约翰·桑顿中国研究中心学者的访谈。

洲、俄罗斯、南亚和核武器控制问题。塔尔博特曾担任大学全球化中心主任,并出版过多种著作,其最近的一部著作是关于全球气候变化的。

像其他美国著名智库一样,布鲁金斯学会是一个政府官员后备人才的蓄水池或储备库。许多官员在任期结束之后会转到这里工作,一方面利用他们在政府部门工作过的经验和人脉关系来从事研究,另一方面,在此"充电",为今后有机会再度进入政府做好知识储备。这就是在美国政界和学术界常见的"旋转门"现象。在布鲁金斯学会的历史上,这样的例子不胜枚举。例如,杰弗里·贝德(Jaferey Bade)2002年从国务院退休之后,到布鲁金斯学会中国研究中心担任主任。在奥巴马竞选总统时,他在人们普遍不看好奥巴马的情况下,选择支持他,成为他的亚洲和中国政策顾问,并在奥巴马当选之后于2009年成为国家安全委员会的亚洲事务主任。两年之后,他离开白宫重返布鲁金斯学会任资深研究员。现任东亚政策研究中心主任卜睿哲曾供职国会、美国中央情报局和国务院。著名中国研究专家李侃如曾是密歇根大学教授,在克林顿政府担任国家安全委员会亚洲部主任。他重返学术界后不久,选择了在布鲁金斯学会中国研究中心工作。据统计,到2013年,布鲁金斯学会先后进入奥巴马政府任职的有30多人,其中比较重要的有担任第二届奥巴马政府国家安全事务助理的苏珊·赖斯(Susan Rise)和2009年被任命为白宫管理与预算办公室主任的彼得·奥斯泽格(Peter Orszag)。后者在2001~2007年曾在布鲁金斯学会任资深研究员,并担任经济政策部下的汉密尔顿项目的第一任主任,2007年出任国会预算办公室主任。[①]

(三)布鲁金斯学会的信条:质量、独立、影响

布鲁金斯学会的信条或者说是自我"训诫"是"质量、独立、影

---

① 资料来源:布鲁金斯学会网站,http://www.brookings.edu/experts/orszagp。

响"。① 这一要求在各种场合被反复提及,也是布鲁金斯学会为之骄傲和自我标榜之处。例如,在每年的年度报告中,开宗明义要提到在过去的一年中布鲁金斯学会在"质量、独立、影响"方面的作为,每个学会成员识别牌的挂带上也印着这样的字样。

1. 质量

布鲁金斯学会要求其学者进行高质量的、独立的研究,并提出有创新性的、实际的政策建议。布鲁金斯学会自信:"在成立后的90多年中,我们为决策者和媒体提供了有关广泛的公共政策的高质量的分析和政策建议。学者对当前的、正在出现的问题进行了分析,在美国和国际上提出了与这些问题有关的新思想。"②

布鲁金斯学会的学者不仅从事政策研究,也进行学术研究。他们大都毕业于名牌大学,经受过严格的学术训练。他们的研究成果可以发表在学术期刊上,也可以发表在布鲁金斯学会自己的网站上。但是,除了日常的政策分析和学术活动之外,他们不间断地从事的一项工作就是撰写专著。可以说专著是他们在政策界和学术界立足的根基。他们平时的研究也都是在为撰写专著做积累。例如,东亚政策研究中心主任卜睿哲出版了专著《未知的海峡两岸关系的未来》,中国研究中心资深研究员李成也在2013年出版了《中国烟草的政治版图》。每隔两三年,布鲁金斯学会的学者们都要出版一部专著,作为这一阶段研究成果的结晶和总结。布鲁金斯学会有自己的出版社,每年出版20~30部专著。学会大楼内设自己的书店,出售出版社出版的著作。大楼内的走廊里展示着学会研究员的新著。这些都显示了作为一个智库,布鲁金斯学会对学术研究和专著的重视。值得一提的是,在中国研究中心的努力下,布鲁金斯学会近年来还翻译出版了中国作者撰写的系列丛书。

2. 独立

"独立"在布鲁金斯学会的三个信条中是最受到重视的。

---

① 资料来源:布鲁金斯学会网站,http://www.brookings.edu/about#research - programs/。
② 资料来源:*Brookings Annual Report 2013*, p. 1.

布鲁金斯学会标榜自己通过各种途径发布研究成果，是为了引起或有助于公众对这些问题的讨论，但其研究不能带有明显的政治倾向，也不能向公众提出政治议程。布鲁金斯学会研究的独立性通过以下措施来保证。

（1）资金捐助者不能干预研究项目和研究结论

布鲁金斯学会的资金绝大部分来自基金会、公司和个人的捐款，以及一些出版物收入和其他投资收入。学会把筹集到的资金用于研究和教育活动。捐助者不能对布鲁金斯学会的研究项目和研究结论进行干预。虽然布鲁金斯学会也进行少量的非保密的与政府签订合同的研究，但它保留发表这些成果的权利。

（2）非党派性

为了保护布鲁金斯学会执行非党派的政策，学会成员必须遵守与政治活动有关的规定：他们可以在非党派的和不排除其他观点的基础上为政府官员和公职候选人提供有关公共政策的分析和建议。但如果学会成员是为候选人的竞选或政治组织提供建议，如政治行动委员会或政党竞选委员会，他们就必须使用工作以外的时间，而且必须表明他们的行动仅仅是个人行为，不代表布鲁金斯学会。他们在公共场合或媒体采访时不能为候选人代言，也不能在竞选中或同候选人的交往中使用布鲁金斯学会的设备或其他资源，包括助手的时间、电子邮箱、计算机和电话，或使用布鲁金斯学会的场地搞政治活动。如果研究人员的行为违反了上述规定，他们就必须离职。在2012年总统选举中，虽然有许多布鲁金斯学会的成员支持奥巴马并帮助他竞选，但他们都严格遵守了上述规定。

（3）研究员进行独立研究

研究员可以根据自己的兴趣和专长选择研究课题，其对时间的支配也有很大的灵活性。研究人员的观点都仅仅代表个人，而不是布鲁金斯学会、董事会成员或管理人员。

需要说明的是，进行独立研究和学会成员不以学会名义参与政治活动并不妨碍布鲁金斯学会或其研究员有自己的政治倾向。一般来说，与具有保守主义倾向的企业研究所和传统基金会相比，布鲁金斯学会被认为是具有自由主义思想倾向的智库（Lewis，1999）。然而，从历史上看，该学会的思想倾向与学会领导人所持立场有密切关系。随着1932年学会创始人布鲁金斯去世，学会的政治倾向发生了明显的右转，对罗斯福新政多有批评。肯尼迪担任总统之后，学会的研究人员参加了制定"新边疆"构想的特别工作小组，在空间研究计划、经济政策等方面为肯尼迪政府出谋划策。20世纪60年代和70年代初，当肯密特·戈登（Kemnit Gordon）担任学会总裁时，学会的政治倾向回摆向自由主义，帮助约翰逊政府拟定了"伟大社会"计划，支持建立大政府，但同时反对越战。戈登离任后，学会的思想倾向再次右转。1995~2000年担任学会总裁的迈克尔·阿马克斯特（Machael Amacost）1977~1978年曾在卡特政府的国家安全委员会负责亚洲和中东事务，1984~1989年又在里根政府担任负责政治事务的副国务卿，并在老布什政府担任驻日大使，与共和党关系更密切。现任总裁塔尔博特曾担任克林顿政府的副国务卿。在他的领导下，布鲁金斯学会与民主党更为亲近。

布鲁金斯学会声称其研究员"代表了不同的观点"，并把自己视为"非党派"智库，而媒体常常把布鲁金斯学会描述为"自由-中间"派，或"中间派"。对国会1993~2002年记录的一项学术分析发现，保守的政治家引述布鲁金斯学会的频繁程度不亚于自由主义的政治家。布鲁金斯学会在1~100的政治光谱的得分中（1代表最具保守主义倾向，100代表最具自由主义倾向）得到了53.3分（Groseclose and Milyo，2005），显示了其整体政治倾向是中间略偏左。

3. 影响

布鲁金斯学会因其严谨的研究和各种活动获得了可以引以为自豪的影响力。根据宾夕法尼亚大学的《全球智库报告2014》，布鲁金斯学会被评为全球最有影响力的智库。它还被《外交政策》杂志发表的"年度智库索引"列为美国排名第一的智库。在200个最具影响的美国智库中，布鲁金斯学会的研究受到媒体最广泛的引证，也是政治家最经常引证的智库。布鲁金斯学会与外交关系委员会和卡内基国际和平基金会一起被认为是美国最有影响的政策研究机构。

布鲁金斯学会通过各种方式来发挥其影响力。其学者经常向记者提供评论、分析和背景信息，出现在电视或广播节目中；时常在国会作证；向决策者及其在重要问题上的助手做情况简介。学会经常就国际事务中的热点、重点问题举办面向公众的研讨会，邀请一些专家做主题发言，之后回答听众提出的各种问题。学会还举行新书发布会，除请作者介绍自己新著的主要内容之外，还会请专家进行评论。学会的学者也经常接待各国来访的官员或学者，与之交换观点，或交流重要信息。学会的教育部门每年设立一些对美国各级官员的短期培训项目，培训内容涉及美国政治的各个方面。例如，2012年曾举行为期三天的"美国安全政策与决策体制"的培训，学员大都来自情报部门、国防部和国务院，由美国安全政策专家、前政府高级官员和议员为他们作讲座。

布鲁金斯学会每年会发表年度报告。学会的出版社出版学会研究者以及学会之外作者的著作和杂志，包括《布鲁金斯学会经济活动论文》（*Brookings Papers on Economic Activity*）。此外，布鲁金斯学会有一个庞大的信息技术部，其成员为传播布鲁金斯学会的研究成果和提升布鲁金斯学会的影响力做出了重要贡献。布鲁金斯学会的网站展示了学会学者的各种成果，从论文、报告、评论到会议发言等，无所不包，而且可以免费下载。普通公众如果注册为会员，就可以经常获得学会举办活动的信息，并可注册参加由它举办的各种向公众开放的活动。

布鲁金斯学会的研究重点和发挥影响的方式如表1所示。

表1 布鲁金斯学会的研究重点和发挥影响力的方式

研究领域	研究项目	所关注地区	发挥影响力的方式
外交政策	商业与金融	亚太	研究和评论
全球经济与发展	国防与安全	欧洲	发表著作
经济政策	教育	拉美与加勒比	在国会作证
城市政策	能源与环境	中东与北非	撰写报告

续表

研究领域	研究项目	所关注地区	发挥影响力的方式
治理研究	经济 财政政策 全球发展 医疗 国际事务 政治与选举 社会政策 美国政府	北美 俄罗斯与欧亚 撒哈拉以南非洲 美国都会地区 美国各州及领地	举办各种活动

（四）布鲁金斯学会的经费来源与开支

根据2014年布鲁金斯学会的年度报告，其经费来自基金会、公司和个人，也有少量来自政府部门。2014年布鲁金斯学会的经费来源统计如表2所示。

表2　2014年布鲁金斯学会经费来源统计

单位：美元，家或个

捐款数额	捐款机构或个人数
200万以上	8
100万~199.9999万	11
50万~99.9999万	24
25万~49.9999万	35
10万~24.9999万	124
5万~9.9999万	95
2.5万~4.9万	56
1万~2.4999万	102
0.5万~0.9999万	38
0.4999万以下	103

资料来源：根据 *Brookings Annual Report 2014*, pp. 37~39 数据绘制。

在捐款者的名单中,我们可以看到一些熟悉的基金会和公司。例如在200万美元以上的捐款者中,基金会有比尔与梅琳达·盖茨基金会、威廉和弗洛拉休利特基金会;公司有摩根大通公司;国家有卡塔尔;个人有戴维·M.鲁宾斯坦、约翰·桑顿。在100万~199.9999万美元的捐款者中有纽约卡内基集团、福特基金、菲尔·耐特、谢丽尔·萨班与哈伊姆·萨班夫妇、阿拉伯联合酋长国。在50万~99.9999万美元捐款者的名单中有劳拉和约翰·阿诺德基金会、休斯顿·布朗基金会、日本国际合作署。在25万~49.9999万美元的捐款者中有美利坚银行。捐款在10万美元以上的基本都是基金会、公司和政府机构,而捐款在1万美元以下的全部是个人。随着单笔捐款额的增加,个人捐款者也在减少。

根据布鲁金斯学会2014年年度报告,学会的总资产约为49599.8万美元,其中净资产为44322万美元,负债为5277.8万美元。2013年和2014年布鲁金斯学会的资产构成比较如表3所示。

表3 2013年和2014年布鲁金斯学会的资产构成比较

单位:万美元

项目	2013年	2014年
现金和现金等价物	2946.5	4184.9
赠款、捐款和应收账款	10067.9	9049.2
库存	34.1	27.8
投资	28699.7	32191.0
财产和设备	4309.4	3971.4
其他资产	206.7	175.5
总资产	46264.3	49599.8

资料来源:*Brookings Annual Report 2014*, p.41。

2014年布鲁金斯学会总收入为10756.2万美元,其中赠款、合同和捐款为8972.6万美元,占83.42%;出版收入为182.9万美元,占1.70%。与2013年相比,2014年布鲁金斯学会的总资产增加了3335.5万美元,用于总运营的收入从2013年的9785万美元增加到10756.2万美元，增加了10%。增加的最大部分是赠款、合同和捐款经费，仅这一项就比上一年增加了945万美元。2013年和2014年布鲁金斯学会运转的资金比较如表4所示。

表4 2013年和2014年布鲁金斯学会运转的资金比较

单位：万美元

项目	2013年	2014年
投资回报	1299.6	1346.3
赠款、合同和捐款	8027.6	8972.6
布鲁金斯学会出版社盈利	171.6	182.9
设备与其他收入	286.2	254.4
总运营收入	9785.0	10756.2

资料来源：*Brookings Annual Report 2014*，p. 40。

在布鲁金斯学会的运行开支中，2014年用于项目研究的经费为7456.2万美元，其中用于外交政策研究的费用为2290.7万美元，占总研究经费的30.72%；开支第二大的项目是经济政策，经费为1719.1万美元，占总项目开支的23.06%。2014年布鲁金斯学会项目开支数额如表5所示。

表5 2014年布鲁金斯学会项目开支数额

单位：万美元，%

项目	数额	占总项目开支的比例
经济政策	1719.1	23.06
外交政策	2290.7	30.72
全球经济与发展	1055.4	14.15
治理研究	684.6	9.18
城市政策	1195.1	16.03
其他研究	16	0.22
布鲁金斯学会出版社	256.5	3.44
交流	238.8	3.20
总项目开支	7456.2	100

资料来源：根据*Brookings Annual Report 2014*，p. 40数据绘制。

从对布鲁金斯学会2013年和2014年的财政情况的比较分析中可以看出,随着经济的逐步复苏,智库筹款的困难有所缓解,智库的发展逐步趋好,布鲁金斯学会的总资产和总收入都有所增加。布鲁金斯学会等美国智库的兴盛和发展与美国经济发展密切相关。

参考文献

Armitage, Richard L., and Joseph S. Nye, Jr.. 2008. CSIS Commission on Smart Power: A Smarter, More Secure America. CSIS Commission.

Campbell, Kurt M., Nirav Patel and Vikram J. Singh, The Power of Balance: America in iAsia. http://www.cnas.org/files/documents/publications/CampbellPatelSingh_iAsia_June08.pdf.

Lewis, Neil A.. 1999. "Silicon Valley's New Think Tank Stakes out 'Radical Center.'" *The New York Times*. http://www.nytimes.com/1999/05/15/arts/silicon-valley-s-new-think-tank-stakes-out-radical-center.htmlhttp://www.nytimes.com/1999/05/15/arts/silicon-valley-s-new-think-tank-stakes-out-radical-center.html.

Groseclose, Tim, and Jeffrey Milyo. 2005. "A Measure of Media Bias." *The Quarterly Journal of Economics*, November.

Organizational Structure and Operation Mechanism of Think Tanks in the United States

——A case study of Brookings Institution

Zhou Qi

Abstract: In the era of globalization, the role of Think Tanks is getting more and more significant. Under the circumstances of "the new normal" of the Chinese economy, the theory and practice of newly emerging Think Tanks are calling increasing attentions in China. Based on the case study of Brookings Institution, this paper analyzes the organizational structure, operation mechanism and fundraising of Think Tanks in the United States.

Keywords: American Think Tanks, Organizational Structure, Brookings Institution

（责任编辑：闫婧钰）

欧洲智库 Bruegel 的发展模式探讨

徐奇渊[*]

摘　要： 欧洲智库 Bruegel 是一家国际经济政策智库，成立不到十年，却已经成为国际著名的经济政策智库。本文对 Bruegel 的发展模式进行了分析，认为该智库发展得益于三大战略：会员战略、人力资源战略、媒体战略。

关键词： 欧洲智库　Bruegel　发展战略

2014 年 1 月，美国宾夕法尼亚大学发布《全球智库报告 2013》。比利时智库 Bruegel 在多个方面名列前茅：在全球除美国外的智库中排名第二位，仅次于英国皇家国际事务研究所（Chatham House）；在国际经济政策专业领域排名第二位，仅次于美国布鲁金斯学会，排在美国彼德森国际经济研究所之前（Peterson Institute for International Economics，PIIE）。

尽管这份智库排名报告存在诸多争议，但仍是政策研究者们最为关注的智库排名报告。

Bruegel 正式名称是"欧洲与全球经济治理实验室"，位于布鲁塞尔。Bruegel 成立于 2007 年，正式工作人员 20 人，其中行政人员 12 人，研究员 8 人，近年来年度预算规模稳定在 400 万欧元左右。

在短短 7 年时间里，以不足 10 人的研究团队，以及称不上雄厚的财力，Bruegel 何以在国际经济政策智库中异军突起？其诀窍何在？2013

---

[*] 徐奇渊，中国社会科学院世界经济与政治研究所副研究员、经济发展研究中心执行主任。

年，笔者在 Bruegel 进行了为期半年的访问，试图寻找答案，最终将其成功的原因归结为三大战略：会员战略、人力资源战略、媒体战略。

一 会员战略

在欧洲，智库（Think Tank）通常都有非政府、非营利组织性质。这种智库性质，在一定程度上确保了研究机构客观、中立的定位。但是，与美国等国家智库一般强调独立性不同，在布鲁塞尔，欧盟层面智库的独立性背后，还隐含着各方政治利益的平衡，例如，欧盟核心国家法国、德国之间利益的平衡，核心国家与外围国家之间利益的平衡。因此，对一个将研究对象、政策服务定位于欧盟层面的智库而言，需要考虑其研究在欧盟成员国之间取得平衡，进而在此基础上，实现各个利益集团的平衡。

由于上面的原因，欧洲智库的会员制从天然的角度来说，其目标比美国智库的会员制更为多元化和更具有超国家性质。当然，和所有的复杂系统一样，在获得平衡的同时，有时候也可能会缺乏效率，甚至表现出治理机制的脆弱性。但是 Bruegel 采用的会员战略却简单有效，而且还在募集资金、平衡各方利益、促进政策研究、完善激励约束机制等方面发挥重要作用，并使这一智库在短短 7 年跻身世界顶级智库之列。

具体来说，在 Bruegel 每年的总收入中，约有 80% 来自会员单位缴纳的会费。除了筹资功能之外，会员制还发挥以下作用：①为智库寻找可行的研究方向，同时使会员单位获得所需的专业分析；②构建高端社交平台，包括学者、政策制定者、企业家、资深媒体人；③扩大智库自身的社会影响。同时，会员单位通过这一平台，也可以影响智库研究内容，间接产生政策影响力，为争取自己的利益发声。当然，在募集资金的同时，如何对各利益相关方的影响力进行平衡，从而真正保持智库的独立性，也是需要认真考虑的问题。本文将对 Bruegel 的会员制以及运作的模式进行探索并总结其借鉴意义。

（一）会员涵盖政界、实业界、金融界

一些历史较长的智库往往有几百个会员单位，例如欧洲政策中心（European Policy Center）等。而 Bruegel 只有 54 个会员单位，相对较少。但从宾夕法尼亚大学的智库排名，以及现实情况来看，这并未影响 Bruegel 的政策影响力。从构成来看，Bruegel 的会员单位主要分为三大类。

（1）政府会员。共 17 个，全部为欧盟国家政府，包括法国、德国、英国等核心国家，同时也包括匈牙利、斯洛伐克、波兰等外围国家。

（2）企业会员。共 29 个，包括欧洲以及非欧洲国家的大型企业。欧洲企业有法国电力集团、瑞士联合银行、德意志银行、法国巴黎银行、西班牙毕尔巴鄂比斯开银行、荷兰壳牌石油、法国雷诺等。欧洲之外的企业有谷歌、EBAY、高盛、摩根士丹利、微软、穆迪、标普、渣打银行、三星、丰田、万事达等跨国公司。

（3）机构会员。共 8 个，以欧盟及其成员国中央银行为主，例如欧洲央行、法国央行、瑞典央行、丹麦央行等；同时也包括法国信托局、欧洲投资银行等金融组织。

从会员单位的构成来看，政府会员和机构会员全部来自欧洲，但企业会员并不排斥其他地区的企业，目前来自美国、日本、韩国的企业占较大比例。事实上，由于筹集经费困难，Bruegel 也在考虑吸收中国等新兴经济体的跨国企业作为会员单位。

（二）为保持独立性，单个会员缴纳的会费金额有严格上限

会员事务由专职行政人员负责，其中秘书长 1 人，并配有 1 位兼职秘书，主要负责管理会员事务。另有 1 位会员发展经理，专职负责发展新会员。行政人员通常对各研究人员近期的研究保持关注，从而使行政事务、科研活动能够无缝对接。

与一般面向市场的、侧重咨询功能的智库不同，Bruegel 更注重其政策影响力，因此，会员门槛较高，数量也较少。从企业会员数量来看，

Bruegel 有 29 个，而欧洲政策研究中心（Centre for European Policy Studies）和欧洲政策中心分别为 150 个和 140 个。目前，Bruegel 会员单位的会费缴纳，以每三年为一期，每年为 5 万欧元起步，这一标准大大高于其他同类智库。

不过，如果某个会员想缴纳更多的会费，Bruegel 未必会同意。为了提高对欧盟层面的政策影响力，Bruegel 非常看重自己的独立性。在资金来源方面，Bruegel 强调，所有会员单位的经费最多不得超过总体会费来源的 5%。目前，各个会员单位的会费，在总体来源中的占比都在 3%~5%。

这种高门槛的会员制，能够吸收优质会员，提供优秀服务，塑造更好的交流平台。但其缺陷也不容忽视：一方面资金来源分散，另一方面会员单位数量有限，因此总体经费规模也受限。近年来，该智库年度总收入保持在 400 万欧元左右，考虑到购买力因素，这并不是一个庞大的资金规模。从"做大、做强"的角度来看，在这样的预算约束下，智库的发展规模将受到限制，长远发展也会受到一定制约。但是，从另外一个角度来看，Bruegel 已经在全球智库中位居前列。它的 20 个正式工作人员全年工资、补贴收入为 260 多万欧元，人均年收入远高于 10 万欧元——这种"小而强""小即是美"的团队，在很多方面也有其独特的优势和魅力。

（三）得益于会员制而形成理论和现实相结合的研究风格

会员单位通过影响研究方向等，与智库的研究工作产生互动。具体来说：

会员单位选举各界资深人士组成董事会。董事会对本智库的人事、财务等重要事务进行讨论并做出决策。董事会每年听取智库的成果汇报及审核其提出的研究计划。另外，会员单位还选举代表，参与研究计划的制定工作。在此过程中，会员单位代表将参加讨论，并从自己的行业、部门、地区角度，提供各种研究建议。

由于研究成果的评价具有一定专业性、学术性，因此董事会并不直接参与评价，而是另外成立"科学委员会"（Scientific Council），并委托该委员会聘请的 7 名资深学者，对年度研究成果进行全面评价，形成"科学委员会成果评价报告"。董事会将基于这一报告对研究成果进行评价。

基于这样的机制，会员单位通过其选举的董事会，以及会员单位代表，对智库日常运营活动、年度研究重点产生影响。对于研究者来说，这样做能使其研究方向直接与现实需求对接；对于会员单位来说，也能够获得所需的专业服务。因此，以会员单位为基础的董事会、会员单位代表、科学委员会，便可在日常工作中发挥重要作用，并共同构成智库的治理机制。这种治理机制，有助于产业、政策、金融、研究四部门的良好对接，有助于研究机构选择符合实际需要的研究方向，也有助于企业、金融机构对政策决策产生间接影响。这样的智库治理机制，对于我国智库建设具有一定的借鉴意义。

（四）构建高端的社交平台

通过会员制，Bruegel 还可以构建高端社交平台。这个平台囊括了学者、政策制定者、企业家、金融家，以及资深媒体人。

Bruegel 的常规活动包括各个层次、各个级别的日常会议，其中部分会议是不公开的，只有会员单位才能参加。此外，会员单位也可以用 Bruegel 的平台，发布自己的研究成果，以扩大其影响。例如穆迪（亚洲）公司负责人曾于 2013 年 4 月在 Bruegel 主讲中国影子银行的问题，笔者也作为评论人参加了这一会议。这类会议，包括午餐会在内，一年有 60 多次，平均每周一次。

除了上述常规活动外，Bruegel 每年有三个最重要的会议，即年末的亚欧经济论坛（AEEF）、布鲁塞尔十大智库年度对话、Bruegel 年会。前两个会议，Bruegel 均作为主办方，或发起人之一参与，Bruegel 年会则是其自身最重要的年度盛会。

笔者参加了 2013 年 9 月为期两天的年会。参加者除了会员单位的代表、Bruegel 研究人员之外，还包括欧洲央行前行长特里谢、意大利总理莱塔（Letta）、欧盟贸易委员会主席德古赫特（Karel De Gucht）、欧洲理事会常任主席范龙佩等重量级人物。中国方面出席的有驻欧盟使团大使和新华社欧洲分社社长。

（五）对中国企业、中国智库的建议

第一，由于宏观经济疲弱、政府债务高、企业效益不佳，目前欧洲智库均不同程度地面临经费紧缺的问题。这不仅给中国企业提供了收购、投资的机会，也是中国企业成为不同智库会员的良好时机。

第二，通过加入当地智库（如作为会员），中国企业可以通过出资、提出研究题目、参加智库日常活动，甚至直接派人常驻，对其产生影响。以谷歌为例，在笔者访问 Bruegel 期间，就先后有两名谷歌学者在 Bruegel 进行为期数月的访问研究工作。这些学者受到谷歌资助，关注 IT 经济领域问题。在"棱镜门"事件中，其中一位学者对谷歌的角色、作用进行辩护，由此加深了 Bruegel 研究者对谷歌的了解，在一定程度维护了谷歌的形象。

第三，如何使智库的治理结构、研究功能、资金来源实现较好的结合，是值得中国智库思考的问题。Bruegel 在这方面提供了一个很好的范本，尤其值得中国新兴的民间智库借鉴。当然，中国的政治、社会、文化背景与国外有很大差异，所以参考借鉴时需要注意与中国的国情相融合。

二　人力资源战略

与一般的国际智库相类似，Bruegel 的治理结构也是董事会领导下的所长负责制。总体上来看，该智库全职工作人员 20 人，其中 12 人为行政人员，8 人为研究员。Bruegel 在组织结构上的突出特点是：分工明确到位。其一，沟通良好、协调充分的行政团队为智库的顺畅运行提供了有力的后勤保障。其二，吸纳包括访问学者、兼职研究员、附属研究员、外放研究员等非全职人员，以及研究助理、实习生在内的人，组建多层次科研团队。

(一) 行政团队结构合理、分工明确

行政部门由秘书长直接负责，大致上分为两部分，分别处理对内、对外事务，共12人。

对内事务由3个工作人员负责：①所长的专职秘书，掌握6种语言，其中3种是工作语言；②人事、财务专员，同时也是秘书长的助手；③行政助理，处理其他临时性事务，同时也是副所长的临时秘书。

对外事务有8人参与，其中，媒体和会议管理部门是最重要的，共5人，包括主管、网站编辑、IT技术人员、媒体新闻官、会议协调人。其中，媒体新闻官有丰富的媒体从业经验，专门负责与媒体接触。会议协调人负责或协助主管组织各类公共会议或举办各类活动。

此外，还有发展经理1人，负责发展会员单位、筹款等事宜；项目和学术关系管理部门2人，负责研究项目的管理、协调，以及与学术界、智库的联系。

(二) 行政团队为研究团队提供了有力的支持和保障

行政团队通过以下方式支持研究团队的日常工作。

第一，成果对外发布和推广。研究成果通常有：数据库、财经短评、研究报告、工作论文、视频等。除了传统媒体、研究所网站之外，发布的平台还包括各种新媒体，如iPad应用、手机网站、脸书（Facebook）、推特（Twitter）等。研究团队只负责生产成果，而行政部门负责发布、发表，尤其是媒体新闻官，会根据特别制定的"媒体战略"进行操作。关于"媒体战略"，笔者将另做专门介绍。值得强调的是：从研究成果完成到对外发布，有一个把关的环节，就是对成果的学术质量、学术观点口径的对外一致性进行审核。这一任务由副所长负责，由于审核需要尽快完成，因此副所长的任务较为繁重。

第二，提供行政、学术方面的共享信息。常规共享信息有两类：每日文摘（Daily press digest）和每周报告（The week in brief）。前者每日上午10点左右发布，包括国际、国内、重要博客的观点文章。每日文摘的定位是补充性质的，不是头版头条那样的热门评论，只是提供研究者容易忽略但却可能非常重要的信息和观点。

每周报告的内容比较丰富，通常包括：①本周重要事件；②本周智库行政会议纪要；③本周学术例会纪要；④关于智库网站访问、下载和社交网络平台（Twitter）的数据分析，本周使用数据、移动平均线等指标，本周的工作情况，以及可能的影响因素；⑤本周的文章发表情况，以及每位研究员研究成果的最新引用情况；⑥近期智库将要开展的工作、活动日程及其链接；⑦近期欧洲和国际重要会议、活动的时间、地点；⑧反映本周经济或政策情况的卡通漫画及评论。此外，每周报告通常还包括一些团队、个人业余生活的内容。

（三）多层次的核心研究团队

第一层次：正式研究员8人，5人为资深研究员，其他为普通研究员。在笔者访问期间，所长和副所长分别由法国人、德国人担任。团队的研究方向包括：欧元区的宏观经济政策、能源、环境、竞争政策和反垄断，以及技术进步和创新问题。这些研究员在来到Bruegel之前，曾就职于法国总理经济顾问团、德国央行、欧盟理事会、欧盟竞争总署、匈牙利央行等机构或其研究部门。来自学术界的研究人员通常在本领域具有较大的影响力。

例如，2003年的《欧洲发展议程》（*An Agenda for a Growing Europe*）是响应欧盟前任主席普罗迪的倡议而推出的，汇聚了一大批优秀经济学家的政策建议，该报告以其组织者的名字命名又被称为《萨皮尔报告》。而萨皮尔（Sapir）正是Bruegel的资深研究员。

第二层次：研究助理和实习生10人。他们均为全日制工作人员。研究助理和实习生与全职研究员构成了一种学徒式的科研关系。每个研员一般都配有研究助理或实习生。

研究助理的工作是在研究员的指导下，完成某个模块的研究工作。研究助理通常有硕士学历，在其他类似机构，例如国际金融机构、各国政府等有过实际工作经验。研究助理的流动性很强，一般工作一段时间，即会选择其他发展机会，例如攻读博士，或去其他商业性和政府机构工作等。

实习生通常是本科毕业生或在读硕士生。实习生的流动性比研究助理更强，工作时间通常不到一年。实习生到这里工作，通常是为了获得工作经验，为以后找工作打基础。

由于目前欧洲就业困难，不少年轻人为了获得一份正式工作，往往做过不止一份助理或实习工作。Bruegel的研究助理，通常需要有名牌大学背景，或在其他著名机构（如欧盟委员会）的研究部门有助理、实习经历。当然，其研究助理、实习生的收入也明显高于其他同类机构。

建立学徒式科研关系的优点是：①研究员负责挖掘有价值的研究方向并做出任务分工，可以减少工作量；②助理、实习生报酬较低，可以降低智库运营成本；③优秀的本科生和硕士生通常具有很强的执行能力，知识结构也较全面，体力好、有激情，一般没有家庭负担，能够全身心投入工作，同时也更容易服从工作指派；④"学徒"的流动性强，去向包括继续深造，或从事金融、政府部门工作，对拓展智库的社会网络也起到了作用。甚至一部分人在离开智库之后，在读博士期间，结合自己的学业等情况，仍然承担一些研究工作。

（四）访问学者和兼职研究人员编制体系

除了前述两个层次的核心、全职研究团队，Bruegel的研究团队还有第三、第四层次。

第三层次：访问学者。Bruegel的访问学者来自中国、日本、印度以及欧盟各国。现在欧洲越来越关注亚太地区、新兴市场国家，所以Bruegel也希望通过引入访问学者作为外援，来增强这方面的研究力量。

Bruegel 非常重视访问学者，根据访学计划，研究所在推出研究成果、会议讨论、日常研究活动时都尽量发挥访问学者的作用。2010 年，一位年轻的法国经济学家在该智库访学两年，结束后即供职于欧盟议会主席范龙佩的内阁。访问学者的作用以及该智库的影响力，由此也可见一斑。

第四层次是兼职研究员，分为三类。第一类是杰出的兼职学者。兼职学者都曾经在某段时间到 Bruegel 做过研究，或参与过培训项目，先后共有 9 人。第二类是附属研究人员（Affiliate Fellows）。这些人通常原来就是 Bruegel 的研究助理，后来去了其他大学攻读博士学位。在读博士期间，也会偶尔参与 Bruegel 的研究，不定期地贡献研究成果。Bruegel 为他们提供额外的平台。第三类是外放研究人员，共 4 人。他们原来是 Bruegel 的访问学者，结束访问后去了其他机构工作，但仍然与 Bruegel 保持着密切的业务联系。

除了上述特点之外，和很多欧洲智库一样，Bruegel 也具有很高的国际化水平。在笔者访问期间，研究所的工作人员来自 12 个国家，除了欧盟国家之外，还包括委内瑞拉、加纳、中国、印度、日本等国家。高度的国际化水平，使得该智库在多个方面具有优势。

例如，在研究国别、区域经济政策时，国际化成为 Bruegel 的特有优势。再如，国际化的研究团队本身，也有助于提高智库的国际知名度。

同时，Bruegel 工作人员的语言优势也极为明显，例如笔者访问期间的所长秘书掌握 6 种语言，时任副所长沃尔夫（Wolff）博士也掌握 5 种语言，其他工作人员不少都掌握 3、4 种语言。这种优势甚至连美国智库也不具备。这不仅对内部来自不同国家的研发者的交流和联系提供了便利，还为扩大该智库的国际影响力起到了很大作用。

三 媒体战略

对于企业来说，产品的生产过程固然重要，销售、推广工作也极为关键。对于研究机构来说，媒体战略与销售战略相似，但重要性大大高于企业的销售。这是因为：要把产品多卖给一个客户，对应的边际生产成本有上升趋势，而把研究成果多推广给一个受众，即增加研究成果的媒体影响力，边际成本几乎为0。这点对于新型自媒体来说更为适用。也正是因为这一点，媒体战略虽然非常重要，但并不意味着必须投入大量的人力、物力。Bruegel就是一个典型的例子，它的媒体团队只有1名媒体新闻官和1名IT技术人员。

具体来说，Bruegel的媒体战略在于实现两个目标：其一，提升Bruegel在国际媒体中的影响力和声誉；其二，服务于Bruegel的总体目标，即通过该渠道的行为，促进政策决策的改进。Bruegel的口号是：Improving Policy。

在团队资源非常有限的情况下，为了实现上述战略目标，同时服务于会员单位，Bruegel的媒体团队采取了以下具体措施。

(一) 对传统媒体进行分级分类、单一通道管理

首先，将全部目标媒体按重要性分为五类。

一类媒体为顶级国际性媒体，包括英国《金融时报》(*Financial Times*)、《纽约时报》(*New York Times*)、《华尔街日报》(*Wall Street Journal*)、《经济学人》(*Economist*)。

二类媒体为欧盟7个最大国家和布鲁塞尔的媒体。

三类媒体是Bruegel的17个政府会员所在国家的媒体。

四类媒体是其他非会员欧盟国家的媒体。

五类媒体是重要的非欧洲国家媒体，这些国家在全球层面与欧洲经济政策具有利益相关性，如中国、美国、巴西、印度、韩国、日本等。

在上述分类基础上，Bruegel进一步对媒体进行细分，标准为：①按媒体类型，分为报纸、电视、电台、杂志、网络，或者是复合型；②按政治或商业背景，看其是否具有商业性质，在政治上有何倾向；③按其他细节，看其语言种类、是否24小时连播、是否私人媒体，以及其他特点。

由于 Bruegel 的政策影响力主要体现在欧盟国家内部,其政策研究的比较优势是欧盟经济问题,因此其目标媒体在区域定位方面,主要倾向于一类、二类媒体。

其次,实行单一通道管理。

以给媒体撰写稿件为例,稿件撰写完成后,必须经由所长(或相关领域的资深研究员)把关,修改后交给自由撰稿人进行语言润色,最后交给媒体新闻官,由其专门与媒体交涉发表事宜。下面介绍这种媒体管理模式的优点、弊端和应对方式。

优点:通过第一道把关,可以控制文章的质量,以及统一、协调团队的对外立场;语言经过专业记者(通常为英语)润色,更容易发表;通过具有丰富媒体经验的媒体新闻官,可以节约研究人员的投稿时间。

缺点:所长或相关资深研究员的工作量大,比较辛苦,而且经过环节比较多,容易贻误时机,尤其是时效性较强的文章,可能因耽误发表时机而影响效果。

应对方式:首先,Bruegel 拥有以 8 位研究员为主体的精干团队,这就使审阅把关的工作量不会特别巨大;其次,对于可预测的经济、政治事件,研究人员会按照日程提前完成文章,在该事件发生之前,就已经具备发表的条件;最后,自由撰稿人拿的是计件工资,而且面临激烈的行业竞争,在约定工作规则的条件下,自由撰稿人会尽量以最快的速度,比如 2 个小时,完成文章的润色工作。

(二)发展以 Bruegel 网站为核心的自媒体网络

除了在传统媒体上发声,Bruegel 还借助互联网建立了庞大的自媒体网络。这个网络渠道以 Bruegel 网站为核心平台,在此基础上形成一个辐射状的网络平台,此平台上包括多个维度的自媒体产品。

Bruegel 网站发布的研究成果包括:Bruegel 博客、政策研究报告、Bruegel 视频等。

除了网站之外,其他自媒体产品主要是通过著名网络平台对上述研究成果进行二次推广，具体情况如下所述。

Twitter，即微博。Bruegel 网站上发布的研究成果信息，会及时发布到 Twitter，所长和其他相关个人的 Twitter 也会同时发布。为此，媒体新闻团队为 Bruegel 团队的其他人也制定了 Twitter 代码和操作手册（Using Twitter at Bruegel, code and conduct）。当然，Facebook 上也有 Bruegel 的公共账号平台。

Youtube，这是全球最著名的视频网站。Bruegel 的公共账号，会将 Bruegel 视频上传到 Youtube。实际上，这并不是 Bruegel 特有的做法，其他智库也普遍采用，例如 Brookings、PIIE、CEPII 等许多国际经济政策智库，都在 Youtube 上传研究人员接受采访、参加会议的视频等，作为扩大机构影响力的渠道之一。

LinkedIn，这是目前国际上比较流行的职场圈子网络。Bruegel 研究所，以及团队中的个人，均注册 LinkedIn 账号，研究所的各种信息以及团队个人的成果和职位等工作信息，也会在上面不定期地更新。

除此之外，Bruegel 的手机版网站、iPad 应用也是其自媒体的一部分。

在 Bruegel 网站与其他自媒体网络之间，也有很好的沟通机制。比如在 Bruegel 的博客、政策文章、视频页面，都有相应的图标，可以一键将该内容转发到 Google +、Twitter、Facebook、LinkedIn 等多种自媒体网络，最终形成了 Bruegel 网站到 Bruegel 自媒体公共账号，再到 Bruegel 团队成员的自媒体私人账号这样一个辐射状的自媒体平台。

（三）传统媒体和自媒体的影响力评估

传统媒体的评估方法，是基于道琼斯的全球新闻系统，在其中检索关键词：如 Bruegel，或者某个研究员的名字，对检索结果进行分析。另外，对自媒体影响力评估的基础是网络架构，因为所有的自媒体均有转发 Bruegel 网站的链接，所以最后的浏览、下载数据均汇总到 Bruegel 网站后台，这样就可以对网站数据进行分析了。

每个周末，Bruegel 都会对本周媒体影响力进行数据评估，并发布内部报告。该报告包括两个图，第一个图是传统媒体的发表或者引用数量，一条数据线显示当周数据，另一条数据线为移动平均的趋势线；第二个图是网站的访问数量，同样的，一条数据线显示当周数据，另一条数据线为移动平均趋势线。周报会根据当周数据、趋势线，并结合当周发生的事件、背景，进行分析。

除了这些数据分析之外，Bruegel 的内部周报还会发布以下信息：当周媒体发表或引用的情况，根据个人名字索引进行排列；当周 Bruegel 网站博客的浏览、排名，与上周相比的变化，以及趋势线走势；当周 Bruegel 网站政策类长文章的下载量、排名变化以及趋势等数据。

每个年度，Bruegel 研究团队还要向科学委员会作科研工作汇报。科学委员会相当于中国的学术委员会，负责对研究成果进行评估。在汇报中，Bruegel 研究成果的下载数量、媒体引用数量，以及在学术体系中的引用、下载数量，都是重要的参考指标。

（四）媒体战略的贯彻需要团队协作

媒体战略的贯彻，绝不仅仅是 IT 技术人员、媒体新闻官的事情。还需要团队的深度协调合作。媒体新闻官顺利工作的前提是对每个研究人员的工作都有相当的了解，这样有利于他（她）向媒体推介研究成果。为此，Bruegel 有以下安排。

其一，媒体、IT 团队的工作人员参加每星期的研究例会，了解研究团队正在进行的研究以及未来的研究方向，甚至从媒体、受众的角度提出建议。而研究人员，需要注意尽量以通俗的语言介绍研究成果。

其二，媒体新闻官向新入职的研究助理、访问学者、研究员介绍媒体战略、运作机制，同时通过这种谈话了解新入职研究人员的研究兴趣。

其三，媒体、IT 团队会听取研究者的意见，定期修改媒体战略。另外，也会根据新入职研究人员的国别，对该国的媒体分类进行调整。笔者在访问期间，就帮助 Bruegel 调整、增补了中国媒体的分类名单和信息。

其四，除了上述框架下的媒体运营之外，IT部门各种细节支持也非常重要，除了iPad应用、手机网站平台的建立外，IT技术支持还渗透到每一个工作细节。例如，IT部门会告诉研究人员使用超链接的技巧，从而提高Bruegel网站在谷歌搜索结果中的排名，以扩大其研究成果的影响力。

当然，Bruegel的智库定位、媒体战略，并不完全适用于每个智库。例如，同样是顶级国际经济政策智库的德国基尔世界经济研究所，虽然也是以政策为导向，但更偏向于学术，注重学术论文的发表。这两家机构分别根据自己的情况，走出了成功的，但又风格迥异的智库发展模式。

四　结论性评述

综上所述，本文主要介绍了Bruegel的三大战略：会员战略、人力资源战略、媒体战略。实际上，这三大战略涵盖了该智库的两大核心功能：第一，实现资金、人才、社会网络三种资源的有效集成，实现智库成果的有效生产；第二，对智库研究成果最大效力的推广。为了便于理解，如果用企业的运行来比喻，上述两大核心功能也可以概括为生产、销售两大功能。

在第一个核心功能，即智库研究成果的生产方面，Bruegel通过会员战略获得资金支持，并聚集政府、企业、金融机构、媒体等社会资源。同时，通过资金来源的多元化，该机构较好地保持了利益上的中立性质。另外，会员单位能够通过影响研究方向的选择、成果考核评价，与智库的研究工作产生互动。这种模式较好地将研究经费的筹集与智库本身的治理机制相结合：一方面有助于研究机构选择符合实际需要的研究方向，另一方面，也有助于企业、金融机构对政策决策产生间接影响，在其所处的社会环境下发挥积极的作用。

在智库研究成果生产的人力资源组织方面，Bruegel的突出特点是：其一，行政团队分工明确、到位，沟通和协调非常充分，在此基础上为研究团队提供了有力的后勤保障。其二，包括访问学者、兼职研究员、附属研究员、外放研究员等非全职人员的多层次研究人员，同时还包括了研究助理、实习生在内的学徒式科研团队。不同层次的研究人员互相搭配，可以在短期内就某个领域的问题形成强有力的研究小组。

在第二个核心功能，即智库研究成果的推广方面，虽然 Bruegel 的媒体团队只有 1 名媒体新闻官和 1 名 IT 技术人员，但是该机构的媒体战略对研究所的成功起到了非常重要的作用。从企业角度来说，产品的生产过程固然重要，但销售、推广工作也极为关键。而对于智库来说，由于产品的知识、创意、时效性等特点，其媒体战略与企业的销售战略大不相同。具体来说，要把产品多卖给一个客户，对应的边际生产成本有上升趋势，而把研究成果多推广给一个受众，即增加研究成果的媒体影响力，边际成本几乎为 0，这点对于新型自媒体来说更为适用。也正是因为这一点，媒体战略虽然非常重要，但并不意味着必须投入大量的人力、物力，而是可以实现事半功倍的。Bruegel 的做法就是以其网站为核心，形成一个包括多个平台在内的自媒体网络，并同时对传统媒体、自媒体的影响力进行定期评估，及时调整其媒体战略。

上述两大核心功能和三大战略，实际上也具有互动关系。比如，一个有效的媒体战略，可以让一份研究成果的影响力发挥到极致，从而提升智库的政策影响力和社会影响力，并能够进一步吸引更加优质的政府、企业和金融机构会员单位，同时对研究人员形成正向的激励。在人力和财力有限的情况下，通过三大战略的良性互动，一个智库机构可以将其核心功能提升到很高的水平，Bruegel 就是这样一个例子。

参考文献

The Think Tanks and Civil Societies Program (TTCSP) at the University of Pennsylvania. 2014. "The 2013 Global Go to Think Tank Index (GGTTTI)." http://gotothinktank.com/the-2013-global-go-to-think-tank-index-ggttti/.

Aghion, P., Bertola, G., Hellwing, M., Pisani-Ferry, J., Sapir, A., Vinals, J., Wallace, H.. 2003. *An Agenda for a Growing Europe: The Sapir Report*. Oxford: Oxford University Press.

A Case Study of European Think Tank: Bruegel's Developing Model

Xu Qiyuan

Abstract: Bruegel is an international Think Tank based in Europe. Within 10 years, it has become a global leading Think Tank. The paper analyzes the developing model of Bruegel, and concludes the three strategies from Bruegel: membership strategy, human resources strategy and media strategy.

Keywords: European Think Tank, Bruegel, Development Strategy

（责任编辑：欧岩）

·智库研究方法·

论研究智库的一般方法[*]

陈广猛[**]

摘 要： 在研究智库时，方法对于研究质量至关重要。本文按照研究智库的一般内容，即智库的定义、智库的组织管理、智库的发展演变、智库的影响力等几个方面，系统梳理和分析了比较研究法、访谈研究法、实地考察法层次分析法、档案分析法、定性和定量研究法、案例研究法等研究智库的具体应用，以期为未来的智库研究者提供一些启发和参考。

关键词： 智库 研究 一般方法

近年来，智库（Think Tanks，中国大陆也有学者称之为"思想库"）开始成为国内学术界关注的一个热门话题，尤其是2014年10月中央审议通过《关于加强中国特色新型智库建设的意见》后，国内研究智库的文章更是层出不穷。[①] 然而在全面检索现有的文献后发现，已有的研究成果多是对智库的简单介绍，或是对智库整体的简要分析，鲜有对智库

---

[*] 本文为国家社会科学基金西部项目"中国外交智库的发展、运行和功能研究"（项目编号：12XZZ015）的中期成果。
[**] 陈广猛，四川外国语大学国际关系学院副教授、博士，主要研究方向：国际关系史、智库、美国和以色列问题。
[①] 一个简单的统计数据是中国知网CNKI关于"智库"的文献，2013年时只有602篇，2014年达到890篇，而2015年仅上半年就有675篇。参见http://epub.cnki.net/kns/default.htm，2015年7月1日检索。

的深入和原创性研究。①

这固然是由于国内学者进入此研究领域的时间较短，积累尚不够充分。但客观上，国内智库研究方法的缺失或不足，也是研究水平不高、研究内容重复的一个重要原因。鉴于此，本文试图从研究方法的角度来探讨如何研究智库。具体将按照研究智库的一般内容，即定义、组织管理、发展演变、影响等几个方面，分别介绍比较研究法、访谈研究法、实地考察法、层次分析法、档案分析法、定性和定量研究法、案例研究法等研究智库的具体应用，以期为未来的智库研究者提供一些启发和参考。

一 关于智库的定义

研究"智库"，首先要对其进行概念的界定，而这对于智库研究来说并不容易。究其原因，在于智库作为一种政治现象，在各国之间差异极大。根据最新的一项研究统计，美国拥有1800多家智库，高居世界第一；排名第二的中国有400多家；而排名第20的罗马尼亚，智库数量只有50多家。② 同时这些机构在类型上也是多种多样的，既有完全独立自主的政策研究机构，也有与政府关系密切的准官方研究机构；既有附属于大学的政策研究中心，也有依附于某个政党的研究组织等。实际上，即使在一个国家内部，这些组织也有较大的差异。如在美国，既有年度预算达数千万美元、专职研究人员上百名的智库——布鲁金斯学会（The Brookings Institution），也有预算金额仅数十万美元、仅包括数名研究人员的小型政策研究机构。有的著名智库，如兰德公司（The RAND Corporation）对美国的外交和防务政策有重要的影响。有的不知名智库

---

① 详细情况可参见以下分析文章：袁剑，《当前国内智库研究图书出版状况：综述与展望》，《中国图书评论》2012年第8期。陈广猛，《中国对美国思想库的研究》，《世界经济与政治论坛》2009年第1期。
② 根据 James G. McGann, *2014 Global Go to Think Tank Index Report*, Think Tanks and Civil Societies Program, University of Pennsylvania, Philadelphia, Jan. 2015, p. 54 相关数据统计。

则只是在做一些默默无闻的基础研究和出版工作。但它们都有一个共同的名称，就是智库（Think Tanks）。因此，作为研究这些形态各异的组织的第一步，对其概念进行界定显然是必要的。具体来说，这种概念的界定可包括三个方面。

（一）一般性智库定义

什么样的组织叫智库？这个问题在目前的智库研究中尚没有统一的答案。实际上，几乎每一个专业的智库研究者都会给出一个关于"智库"的定义。

例如，美国最早的智库研究专家保罗·迪克森（Paul Dickson, 1971）认为，智库是一种稳定和相对独立的政策研究机构，其研究人员运用科学的研究方法就广泛的政策问题进行跨学科的研究，并在与政府、企业和公众密切相关的政策问题上提供咨询。

另一位美国学者安德鲁·里奇（Andrew Rich, 2004）认为，所谓的智库，是指独立的、无利益诉求的非营利政治组织，他们提供专业知识和建议，并以此获得支持和影响政策制定过程。

加拿大智库研究专家唐纳德·阿伯尔森（Donald Abelson）对智库的定义是：一种从事国内和/或外交政策问题研究的非营利、非党派并独立的组织。[①]

英国智库研究学者黛安·斯通（Diane Stone, 1996）认为，智库是一种独立的政策研究机构，它们试图通过为决策者提供分析来直接地参与政策制定，通过各种途径传播思想来影响公众对于问题和难题的理解来更间接地参与政策制定。

这些定义都有各自的道理，但一般认为，从事政策研究、以影响政府的政策选择为目标、独立和非营利等是构成智库的基本要素（中国现

[①] Donald E. Abelson, Think tanks – definition, their influence and US foreign policy, A Interview by Leonhardt van Efferink, Oct. 2010. 参见 http://www.exploringgeopolitics.org/interview_abelson_donald，2015年7月1日检索。

代国际关系研究所，2003）。而且，这些关于智库的普遍定义，通常都是以美国智库作为主要研究对象的。

（二）国别智库定义

实际上，普遍的西方定义很难适用于每一个国家的具体情况，因而各国学者会在一般性智库定义的基础上，结合本国的具体情况，对本国的智库给出相应的定义。

英国智库研究学者詹姆斯·西蒙（James Simon，1993）认为，英国思想库是"一种致力于通过多学科的研究来影响公共政策的独立组织"。

对于中国智库的定义，薛澜和朱旭峰（2006）认为：中国智库是一种相对稳定且独立运作的政策研究和咨询机构。

在南美大国巴西，学者也提出了自己的看法，如塔蒂亚娜·达席尔瓦（Tatiana Teixeira da Silva，2012）认为：在巴西，仍没有合适的葡语词来描述这一群体。"智库"一词仍沿用英语词汇"Think Tanks"，但大多数巴西学者并不认为这个词汇能够恰当地描述巴西智库——这个不同于英美国家智库的群体。她在2012年拉美研究协会代表大会中，就"定义巴西智库"给出了如下建议：首先，这是一种受"政府保护"的机构，因为政府是所谓巴西智库的首要激励者和引导者，而这种研究在巴西本质上仍是一种政府投资；其次，巴西本国和国外的基金会（如福特基金会）事实上已成为巴西智库的主要推动者和资助者，也已成为他们身份和运作方式的一种强大决定性因素；再次，在巴西，智库不仅仅是那些"准政府组织"（像社会组织，葡语首字母缩写为OS；为公益服务的市民社会组织，葡语首字母缩写词为OSCIP），也包括有自主权的政府机构和公共基金会；最后，在巴西存在着智库"群"（Clusters），尤其是巴西大学、学术机构的研究中心。

（三）个体智库定义

除了一般性智库定义和单个国别智库定义之外，每一个智库对于自身的使命和功能也有具体的界定。

美国著名外交智库对外关系委员会（Council on Foreign Relations，CFR）界定自己为"一个独立的、非党派的会员组织、智库和出版者，而每一项功能都使CFR成为复杂世界中一个必不可少的信息来源"。[①]

布鲁金斯学会界定自己为"一个坐落于华盛顿的非营利公共政策组织，其使命是进行高质量、独立的研究，并在这些研究的基础上，为以下三个广泛的目标提供创新的、实用的建议，即加强美国民主；提升全体美国人的经济和社会福利、安全和机遇；保障一个更为开放、安全、繁荣和合作的国际体系"[②]。

兰德公司界定自己为"一个提供解决方案来面对公共政策挑战的研究组织，来帮助全球社会更安全和更有保障、更加健康和更为繁荣"。[③]

从以上一般性、国别和个体的关于智库定义的差别中，我们可以看出该问题的复杂性。而从研究方法的角度来说，对于智库的定义，多可以采取比较研究法和层次分析法，其中比较研究法是开展智库定义研究的一个好方法。具体来说，就是在定义智库时进行三个层面的比较：第一，是将一国智库与其他国家的智库进行比较，发现其中的异同，总结关于智库定义的普遍性和特殊性。实际上，已有一些智库的研究成果致力于智库的国别比较，如詹姆斯·麦甘（James McGann）、黛安·斯通（Diane Stone）等人召集的国际智库研讨会，汇集多国的智库研究专家，进行交流讨论，最后出版的论文集，就有关于各个国家智库的比较分析。[④]

第二，是在某个国家内部，将智库与其他相似机构比较。如通过是

---

① 参见 http://www.cfr.org/about/。
② 参见 http://www.brookings.edu/about#research-programs/。
③ 参见 http://www.rand.org/about.html。
④ 有关各国智库比较研究的文献有：James G. McGann & Kent Weaver, eds., *Think Tanks and Civil Society: Catalysts for Ideas and Action*, New Brunswick, NJ: Transaction Publishers, 2000; Diane Stone, Andrew Denham & Mark Garnett, eds., *Think Tanks Across Nations: A Comparative Approach*, Manchester University Press, 1998; Diane Stone & Andrew Denham, *Think Tanks Tradition: Policy Research and the Politics of Ideas*, Manchester University Press, 2004。

否从事政策相关的研究，可以将智库与利益集团、学会协会等组织区分开来；通过是否以影响政府的政策选择为目标，可以将智库与慈善团体、基金会区分开来；通过是否属营利性组织，可以将智库与咨询公司区分开来；通过是否属独立的机构，可以将智库与政府内研究组织区分开来；而通过是否属组织行为，可以将智库与个人行为的智囊区分开来（陈广猛，2009）。

第三，可以将不同类型的智库，如完全独立自主的、依附于政府的、半依附于政府的、附属于大学的、附属于政党的等各类智库进行比较，这其实也是一种对智库的分类。在这方面研究成果有唐纳德·阿伯尔森（Donald Abelson，1996）对于美国智库的分类、安德鲁·邓恩和马克·加内特（Andrew Denham and Mark Garnett，1998）对于英国智库的分类，以及陈广猛（2009）对于中国外交智库的分类等。

关于智库定义的研究，目前最重要的成果是美国宾夕法尼亚大学教授詹姆斯·麦甘主持的"智库与公民社会项目"（Think Tanks and Civil Society Program，TTCSP）每年出版的"全球智库报告"（*Global Go to Think Tank Index Report*）。该项目由麦甘教授于1989年在费城"外交政策研究所"（Foreign Policy Research Institute，FPRI）创立，后于2008年移至宾夕法西亚大学。自2007年起，该项目每年发布"全球智库报告"，对全球一百多个国家、数千个智库进行整体性分析和评价，影响很大。[①]

实际上，要想对全球数量如此众多、形形色色的政策研究机构进行排序和分类，绝非易事。首先，面对智库概念的界定问题，必须要有统一的标准，才能进行比较和分析。对此，麦甘（2015）教授给出的智库定义是"从事公共政策研究、分析和参与的组织。通过对国内和国际问

[①] 该智库研究报告自2007年推出以来，也是争议不断。但不可否认的是，麦甘教授创造性地将世界各国的公共政策研究组织，整合成为一个可供对话的平台，甚至形成了一个产业。就像大学排行榜一样，虽然有一些争议，但毕竟为学生和家长选择大学提供了一个参考工具。你可以选择不用它，但你无法忽视它的存在。

题进行政策导向的研究、分析和建议,来使政策制定者和公众能够对公共政策问题做出知情的决策"。同时,他还根据智库的运作方式、招募人员的模式、对于研究中客观性和完整性的学术标准的渴望以及与政策制定者、媒体和公众的接触情况,将智库分为七种类型:独立自主、半独立、附属于大学、附属于政党、附属于政府、准政府机构和营利性组织。尽管这些特色鲜明的智库组织有些差异,但大多数智库还是可以纳入所列的分类之中的(James McGann,2015)。

关于智库定义问题的复杂性,有一个例子可以说明。2007年,当麦甘教授第一次就全球范围内各国智库数量进行排名时,统计中国的智库数量为73家、排名第11。2008年的统计数量也差不多为74家,但排名还下降了两位为第14。2009年,麦甘教授可能认识到了中国存在大量政策研究机构的事实(虽然它们几乎都是受政府资助的,在独立性上似乎存在问题,但它们确实在从事政策研究,并为政府提供政策建议和报告),于是修改了统计标准。这一年中国的智库数量一下变为428家,排名也跃居第二,并且在此后一直保持此排名。[①] 这个事例充分说明了智库定义标准的重要性,研究方法在某种程度上也决定了研究结果。

二 关于智库的组织管理

作为一种常见的非营利组织(Non‐Profit Organization,NPO)和政策研究机构,智库在组织管理上有其特别之处。要想了解它们的运作机制,则需要深入其内部,考察其领导体制、财务管理、各种活动的开展等。

(一)领导体制

在传统的公司和企业等营利性组织中,一般权力最大的是董事会(Board of Directors 或 Board of Trustees)。董事会的主席一般叫董事长

---

① 根据"全球智库报告"(*Global Go to Think Tank Index Report*)历年数据统计分析。

(Chairman of the Board），是企业的最高决策者，决定着企业发展的大方向。而管理公司和企业具体事务的负责人一般叫总经理（General Manager）或者首席执行官（CEO），领导下面的员工执行董事会的决议。

而在非营利组织中，如美国的基金会和智库，拥有最大权力的仍是Board of Directors 或 Board of Trustees，但为了区别于公司和企业，一般在中文语境中将其译为"理事会"。理事会的负责人叫理事长（Chairman），中文也有译成"主席"的。如美国著名外交智库"对外关系委员会"（CFR）目前实际实行"双理事长制"（Co‐Chairman）：一位是女性、美国前住房和城市发展部部长卡拉·希尔斯（Carla Hills），另一位是男性、美国前财政部部长罗伯特·鲁宾（Robert Robin）。[①] 而在理事会下，负责具体行政事务的人一般叫 President，中文译成"主席""会长"的都有（笔者建议译成"会长"，因为如果理事会的 Chairman 译成"主席"而不是"理事长"的话，就会产生混乱）。如"对外关系委员会"现任会长（President）理查德·哈斯（Richard Haass）就是一位在美国政界和智库界都很知名的人物，曾经担任过美国国务院政策研究室主任（2001~2003年）。

以上称谓的辨析看似是翻译的问题，实际涉及对美国智库、基金会类非营利组织管理架构的认识和理解。

（二）财务管理

美国的智库几乎都是非营利组织，其运作的资金来源显得尤为重要。根据美国税法 501（C）(3) 条款，智库类非营利组织一般都享有各种免税或减税的政策。[②] 而美国智库的财务管理有两个特点：一是资金使用透明化。每家智库在年底时都需要在年度报告中列出主要的收支情况，使每一笔重要的开支都能找到出处；二是资金来源多元化。智库为了保

[①] 参见 http://www.cfr.org/about/people/board_of_directors.html。
[②] 参见 http://www.irs.gov/Charities‐&‐Non‐Profits/Charitable‐Organizations/Exemption‐Requirements‐Section‐501（C）(3)‐Organizations。

持自身的独立性，一般会避免使自己的资金来源过度依赖于某一个组织。

相比之下，中国的智库目前多数还依靠政府拨款或财政收入，属于一种事业单位的性质，而这也成为西方学者质疑中国智库独立性的一个重要原因。[①]

（三）各种活动的开展

作为一个智库，研究当然是其活动的主体，常以会议、研究小组等多种形式展开。这里需要注意的是智库与大学纯学术研究机构在活动上的差异。一般来说，智库的研究活动多是应用导向的、政策型的研究，周期一般较短；而大学的研究尤其是基础学科的研究，应用性没那么强，研究的周期一般也相对较长。此外，作为思想的载体，智库的出版物是其发挥影响的重要途径之一。一般比较知名的智库，都会有自己的出版项目。比如美国对外关系委员会的《外交》（*Foreign Affairs*）、卡内基国际和平基金会（Carnegie Endowment for International Peace，CEIP）的《外交政策》（*Foreign Policy*）、战略与国际研究中心（Center for Strategic and International Studies，CSIS）的《华盛顿季利》（*The Washington Quarterly*）、英国皇家国际事务研究所（The Royal Institute of International Affairs）的《国际事务》（*International Affairs*）等都是业内比较知名的刊物。而中国的各大智库也出版自己的期刊，如现代国际关系研究院的《现代国际关系》、中国国际问题研究院的《国际问题研究》等。

从研究方法来看，对于智库的组织管理，最好采用访谈研究法、实地考察法等。不过，由于受客观条件所限，国内智库研究者对于智库尤其是国外智库的考察，多数还停留在二手文献的利用上，缺乏亲临智库现场、利用第一手资料进行的分析。好在近年来情况有所改善，有部分研究者利用出国访学的机会，对国外智库的组织管理进行了一些实地

[①] 具体情况分析参见陈广猛《中国外交思想库：定义、分类和发展演变》，《外交评论》2009年第1期。

研究。

如一位学者通过对美国智库相关管理层人士的访谈，对美国智库的项目组织形式进行了很好的总结。她认为美国的智库在研究上大致采取三种人员组织方式。第一种是专家导向型方式。专家和一至两名助手主持一项课题或某研究领域项目，并发布研究成果、向国会提供政策建议等较大型的智库目前主要采用这一形式。第二种是团队方式。这种组织方式适合那些大型的、周期较长、较复杂、涉及课题众多又需要收集整理大量数据信息的课题，同时这样的课题也要有针对性的资金支持。第三种是项目导向型方式。这种方式比较灵活，可以随机应变地根据目前政策市场上的公共关注点来确定研究课题，再根据课题来选定需要的研究人员，选择的范围也比较广阔（林芯竹，2007）。

而另一位学者通过对美国智库的亲身参与和观察，对美国智库享受税收方面的优待情况作了分析。她指出，根据美国税法501（C）（3）条款，符合下述三个条件的组织可享受免税待遇：一是该组织运作目标是从事慈善性、教育性、宗教性和科学性的事业，或者是为了达到该税法明文规定的其他目的；二是该组织的净收入不能用于使私人受惠；三是该组织所从事的主要活动不是为了影响立法和干预公开选举。对于美国智库而言，要取得签发抵税发票权利必须受到税务局的各项严格监管。智库需要给税务部门提供年度收支明细账，及其付给管理人员和主要研究人员的薪酬。同时还必须通过专门机构对智库的财务和经营状况进行审计。另外，美国智库每年必须公开其财务报表，供社会公开监督（王莉丽，2010）。

以上研究和发现，对于我们认识美国智库的组织管理，无疑有很大的促进，希望今后运用此类研究方法的成果能够越来越多。

三 关于智库的发展演变

各个国家的智库目前所呈现出的状况是过去长期演化的结果，因而要想对他们有深入的认识，就必须了解智库的历史演变过程。一般来说，智库的发展演变,可从两个方面进行考察。

(一) 智库整体的历史

对于大国而言,可以对其数量众多的智库做出不同的历史发展时期或"代"的划分。如唐纳德·阿伯尔森(Donald Abelson,1996)将美国智库的发展历程划分成三"代",每一代都有其特点:第一代智库:学术(研究)型,以拉塞尔·赛奇基金会(1907年成立)、卡内基国际和平基金会(1910年成立)、政治研究所和布鲁金斯学会(1916年前者成立;1927年合并成立)、胡佛战争、革命与和平研究所(1919年成立;1938年更名;1956年更名)和对外关系委员会(1918年成立;1921年合并新机构)为代表;第二代智库:政府合同型,以兰德公司(1948年成立)为代表;新一代智库:从政策研究到政治推销型,以美国公共政策研究企业研究所(1943年成立;1962年更名)、传统基金会(1973年成立)、战略与国际研究中心(1962年成立)、三边委员会(1973年成立)、当前危险委员会(1976年成立)等为代表。

而安德鲁·邓恩和马克·加内特(Andrew Denham,Mark Garnett,1998)也对英国智库的传统做了相似的描述。他们将英国智库的发展历程划分为几个重要的阶段,总结为四"波"。"第一波"出现在19世纪,以19世纪初的"实用主义者"或者称"哲学激进派"(Philosophic Radicals)和19世纪末的"费边社"(1884年成立)为代表。"第二波"出现在20世纪前半叶,大多数在两次世界大战之间,以皇家国际事务研究所(1920年成立)、政治和经济研究所(1930年成立)和国民经济与社会研究所(1937年成立)为代表。英国智库发展的"第三波"出现在20世纪七八十年代,表现为"新右派"智库的出现,以经济事务研究所、政策研究中心和亚当·斯密研究所为代表。英国智库发展的"第四波"出现在80年代之后,为超越"新右派"而出现,比较具有代表性的是公共政策研究所(1988年成立)、"狄莫斯"(Demos,1993年成立)、社会市场基金会(1989年成立)等团体。

而对于中国智库整体的发展，也有一些文章和专著进行了关注。如王莉丽（2010）将中国智库的发展历程划分成了四个时期：分别是萌芽时期——新中国成立至改革开放前；多元化发展时期——改革开放后至20世纪80年代；平稳发展期——20世纪90年代初至20世纪末；战略发展期——20世纪初至今。而陈广猛（2009）也将中国外交智库的发展历程大致划分成了四个时期：一是1956～1966年，是中国外交智库的初创时期；二是1966～1976年，是中国外交智库遭到严重破坏的时期；三是1977年到冷战结束前后，是中国外交智库的恢复和发展时期；四是冷战结束后至今，是中国外交智库发展的繁荣时期。通过考察中国智库整体发展的历史脉络和分化组合过程，不仅可以对其现状和未来的发展趋势有更为深入的了解，而且能在与欧美等发达国家智库进行比较时有更为客观的认识。

（二）个别智库的历史

目前英美国家的一些大型智库，有人为之树碑立传，书写发展历程，如美国的兰德公司、对外关系委员会、布鲁金斯学会和传统基金会[1]，英国的皇家国际事务研究所（RIIA）等（Mary Bone and Charles Carrington，2004）。而对于中国著名智库发展历程的全面深入考察，目前似乎还不多见。中国社会科学院拉美研究所2012年在建所50周年时，曾推出一本《全球拉美研究智库概览》，其中对中国社会科学院拉美所的发展历史做了一些简要介绍，但远谈不上是一部研究型的著作。

从研究方法来看，关于智库发展演变的研究，比较重要的有层次分析法和档案分析法。

---

[1] Bruce L. R. Smith, *The Rand Corporation: Case Study of a Nonprofit Advisory Corporation*, Harvard University Press, 1966; Robert D. Schulzinger, *The Wise Men of Foreign Affairs: The History of the Council on Foreign Relations*, New York: Columbia University Press, 1984; Donald T. Critchlow, *The Brookings Institution*, 1916 – 1952: *Expertise and the Public Interest in a Democratic Society*, Northern Illinois University Press, 1985; Lee Edwards, *The Power of Ideas: The Heritage Foundation at 25 Years*, Jameson Books, 1997.

关于智库整体发展演变过程的研究，特别是对一些智库数量较多的国家，适合使用层次分析法。将纷繁复杂的各类智库按照发展阶段、不同类型做出不同"层次"的划分，再结合特定历史时期的社会思潮，可以使我们对于智库的整体发展演变有更为清晰的认识。

历史学的"档案分析法"特别适用于智库发展演变过程的研究，尤其是对一些比较知名的大型智库。目前，国内现有关于美国智库的考察，其资料多来自二手文献和各大智库的网站、研究报告及出版物等。总的来看，这些材料尚显薄弱，缺乏历史纵深感。实际上，美国的许多著名智库如布鲁金斯学会、对外关系委员会等，都拥有近百年的发展历史。由于其拥有较为完善的档案管理制度，他们几乎都保存了自机构成立以来的丰富历史档案（包括机构的发展记录、会议纪要、研究项目记录、出版物、年度报告等）。这些资料对于研究智库具有很高的利用价值。通过对美国各智库的档案考察，一方面可以详细了解美国各大智库的发展历程，总结智库总体的发展规律，加深对于美国智库的认识；另一方面也可以更为深入地了解美国内政外交政策的思想根源（陈广猛，2009）。

而国内的智库，近年来对于自身的档案数据保存也做了努力。如著名智库"上海国际问题研究院"，对于每次重要会议都有专人进行录音存档[①]。这些资料无疑为后人对该组织的研究提供了很好的素材。

四　关于智库的影响力

智库影响力研究，始终是智库研究的一个中心环节，也是智库研究的一个难题（另一个是前面提及的智库定义问题）。究其原因，主要是智库作为一种提供"思想"这种无形产品的组织，很难对其影响力进行直观观察和量化评估。智库对于政策制定者到底有没有影响力？或者更进一步说，如果有，这种影响力到底有多大？这一直困扰着智库的研究

[①] 这是笔者 2007 年 5 月在该机构参加一个关于智库研究会议时的观察，估计现在档案收集的情况更加完善了。

者，也一直吸引着研究者不断探索和思考。从研究方法的角度来看，对于智库影响力的研究，主要有定性研究和定量研究两大类。

(一) 定性研究

这是目前智库影响力研究的主要方法。研究者通过历史回顾、文献分析、观察访问、参与经验等途径获得智库的相关资料，并用非量化的手段对其影响力进行分析，以获得研究结论。由于智库影响力问题的复杂性，实际可以分解成以下几个层面进行分析。

首先，分析智库在整个国家决策体制中的位置。智库要发挥作用，总是不能脱离一定的政治体制环境。以美国为例，她是一个三权分立的政治架构，行政、立法、司法各自独立。具体到外交决策权上，总统及其白宫办事机构、国务院、国防部、中央情报局等政府部门都是美国外交政策的首要决策者，国会仍然是美国外交政策的重要决策者。他们共同构成了美国决策圈的核心层。而美国作为一个多元社会，还存在新闻媒体、利益集团、基金会、智库等大量的特殊利益集团。他们为了各自成员的利益，在不同程度上通过各种手段影响政府政策的制定，共同构成了一个复杂的政策决策体系。美国学者罗杰·希尔斯曼（Roger Hilsman）将其称为美国决策圈的一系列"同心圆"。[1] 智库是其中一个重要的组成部分。中国的情况则有所不同。如果把中国外交决策体制比作一个金字塔，那么大概可以把这个金字塔分为三个基本层次：最高层是中央领导层，包括中央政治局和负责外事工作的中共中央外事办公室；中间一层是主要的政府外事机构，包括外交部、商务部、国家安全部等与外事相关的重要部委，其下通常会附属一些起咨询和调研作用的政策研究机构，这就是所谓的外交智库，如中国国际问题研究院、中国现代国际关系研究院等；金字塔的底层是地方外事机构，包括各省、市、自治区级的外事办公室。从以上外交机构的职

---

[1] Roger Hilsman, *To Move a Nation: The Politics of Foreign Policy in the Administration of John F. Kennedy*, NY: Delta, 1964. 转引自〔美〕杰里尔·罗赛蒂：《美国对外政策的政治学》，世界知识出版社，1997，第518页。

能和角色可以看出，各有关部委单位既独立承担各自的任务，又互相协调合作，构成了独具特色的中国外交决策体制，外交智库是其中的一个重要组成部分（陈广猛，2010）。中美两国截然不同的权力和制度架构，构成了各自智库发挥影响力的基础，同时也决定了两国智库影响力方面的差异。

其次，从一个完整的政策制定周期角度来考察智库的影响。如果说，考察智库在外交决策体制中的位置是一种静态分析，在政策制定周期中考察智库的角色和功能则是一种动态分析。按照公共政策理论，一个完整的政策制定周期通常包括以下五个阶段：①提出问题和政策构想；②拟定各种供决策者选择的政策方案；③政府制定政策；④执行政策和反馈；⑤评价政策和修改政策，制定新的政策。[①] 在这个长期的政策制定周期中，政府是"直接决策者"，而参与和影响政策制定的还有其他各种力量和角色，如新闻媒体、利益集团、基金会、智库等。一般来说，智库对公共政策的影响主要体现在政策制定过程的前三个阶段，尤其是第二个阶段的政策选项的制定过程中。[②] 由于智库的很多工作都是在媒体和公众的视线之外做的，所以比其他政策的影响因素所引起的关注要少得多，但其对一国内政和外交决策的影响却不可忽视。

除了以上关于智库影响的静态分析和动态分析，有学者还总结出了

[①] 参见 Charles F. Hermann, "The Knowledge Gap: The Exchange of Information between the Academic and the Foreign Policy Communities". Paper Presented at the Annual Political Science Association Meeting, Chicago, Illinois, September 7–11, 1971. 转引自 Stephen J. Andriole, "Decision Process Models and the Needs of Policy – Makers: Thoughts on the Foreign Policy Interface", Policy Sciences, Vol. 11, No. 1, 1979, pp. 19–37.

[②] 需要注意的是，这种多阶段的政策决策模式只是政府众多决策方式中的一种，从公共决策的种类来看，主要有危机决策、一般决策和创议决策三种。三种决策的特点不同，参与者的作用也不同。一般来说，危机具有突发、紧急和对国家利益构成极端严重危害的特性，因此要求决策果断迅捷，参与者多为最高领导人及其选定的核心。智库、利益集团既不能也无法影响这种决策。日常决策基本上由行政部门做出。创议决策则由行政、立法等相关部门共同做出。后两种决策在政府的整个决策中占绝大多数，智库、利益集团等的影响大多发生在后两种决策过程中。参见席来旺《美国的决策及其中国政策透析》，九州图书出版社，1999，第274页。

智库在政府公共政策中的几大功能、影响政府公共政策的若干种方式，以及智库能够发挥作用的各种原因，用以进一步阐述智库的影响力问题。有学者认为美国智库在外交决策中具有三大功能：①提供政策思想和理念；②为政府储备和提供人才；③会集专家和教育公众（陈广猛，2006）。而智库影响美国外交政策也有大致八种方式：①其成员到政府任职；②美国总统大选的特殊时期为总统候选人出谋划策；③出席国会听证会；④参与社会公共活动；⑤与政府部门和机构维持联系；⑥大众媒体；⑦出版著作或发布专题报告；⑧定期出版专门外交期刊（陈广猛，2006）。此外，也有学者探讨了美国智库能够发挥影响力的几大原因：①政治文化奠定了思想基础；②政治体制提供了生存空间；③资金稳定保证了机构运营；④商业运营提供了政策创新（王莉丽，2010）。

以上这些研究方法可能会使人们形成智库具有影响力的印象，但此结论仍然是模糊的，通常会采用"重要影响""影响很大""影响一般"等字眼来描述。于是，随之而来的就是另一个令人头疼的问题——这种影响力到底有多大？对此难题，也有学者通过社会科学的一些定量研究方法来尝试解决。

（二）定量研究

这种方法主要是通过问卷调查、数理统计、线性回归分析等方法来解决智库影响力大小的问题。关于智库影响力的量化研究，首开先河的是美国著名智库研究专家詹姆斯·麦甘。他在1995年出版的著作中，首次对智库的量化研究进行了尝试。虽然他的研究只是对7个美国著名智库的基本数据进行罗列比较而没有进行相关的理论解释，但他通过问卷调查收集不同智库第一手数据进行量化分析的方法还是非常值得后人借鉴的。而目前对智库量化研究付出最多努力的是加拿大著名智库研究专家唐纳德·阿伯尔森（Donald Abelson），他在2002年的专著中，集中讨论了智库量化研究的方法，具体是通过主要媒体的引用率和出席国会听证会的次数，定量分析美国和加拿大智库的影响力。在该书2009年的第二版中，作者进一步强化了对智库的量化分析,试图解决大型智库和小型智库的政策影响力为何会不同的问题。他主要是通过智库在不同阶段的政策影响力而分析的,具体方法仍然是通过分析媒体引用率和出席国会听证会的次数(Abelson,2009)。美国学者迈克尔·多尔尼(Michael Dolny)自1996年起不定期发表研究报告,对美国不同政治倾向智库的媒体引用情况进行统计和排名,以量化分析智库之间的力量对比;[1] 而《国际经济》(The International Economy)杂志也曾在2000~2005年连续三次对美国著名智库的媒体引用情况进行跟踪调查,并在此基础上进行比较分析,引起了许多智库研究者的注意。[2] 此外,安德鲁·里奇(Andrew Rich)在1999年完成的博士论文中,较早分析了智库对各种行业的影响,包括医疗改革、电信改革等,而且第一次将线性回归分析的定量研究方法应用于智库研究之中。2004年作者在该文的基础上又出版了专著,2010年还被译成了中文。

国内的智库研究水平,总体上还处于较为初级的阶段,缺乏对智库的实地考察,尤其是对第一手档案材料的分析,在具体的研究方法上还是以定性研究为主,但也有一些突破,如清华大学朱旭峰博士在其2005年完成的博士论文《网络和知识运用:中国思想库的政策影响力》中,从公共政策基本理论出发,结合社会资本、知识运用、社会结构等相关理论,构建了一个解释中国智库影响力的理论模型,并对此模型进行了细致的实证检验和案例分析,其中运用了大量的统计分析和假设检验等量化分析工具,代表了目前国内智库研究的最高水平。[3]

---

[1] 这些报告均可见于美国媒体监督机构 FAIR 网站的 EXTRA! 杂志 http://fair.org/extra-online-articles/page/6/。

[2] Nicolas Ruble, "Think Tanks: Who's Hot and Who's Not", *The International Economy* (September/October 2000); Adam Posen, "Think Tanks: Who's Hot and Who's Not II", *The International Economy* (Fall 2002); Susanne Trimbath, "Think Tanks: Who's Hot and Who's Not", *The International Economy* (Summer 2005). 具体 PDF 文件可从 http://www.international-economy.com/TIE_Su05_ThinkTanksTrimbath.pdf 下载。

[3] 朱旭峰:《网络和知识运用:中国思想库的政策影响力》,清华大学博士学位论文,2005;后作者又在此论文基础上修改出版了中英文的专著:朱旭峰:《中国思想:政策过程中的影响力研究》,清华大学出版社,2009;Xufeng Zhu, *The Rise of Think Tanks in China*, Routledge, September 2012.

实际上,关于智库影响力定量研究的最突出研究成果,仍是美国宾夕法尼亚大学教授詹姆斯·麦甘主持的"智库与公民社会项目"每年出版的《全球智库报告》。在报告中,他将智库的影响力因素分解成若干指标(共有28项之多,包括智库领导人的素质和献身精神;智库工作人员的素质和名声;出版的研究成果和分析的质量和信誉;招募和维持精英学者与分析人员的能力;学术表现与声望;出版物的质量、数量和范围;某个研究项目对政策制定者和其他政策相关人员的影响等)[1],通过量化处理,将全球6600多个智库的影响力进行了各种排名,创立了全球智库影响力排行榜(Top Think Tanks in the World)。地区智库影响力排行榜(Top Think Tanks by Region),具体又细分为西欧、中东欧、中东和北非、东南亚和太平洋国家、中印日韩、撒哈拉以南非洲、中南美洲等地区。各专业领域智库影响力排行榜(Top Think Tanks by Area of Research),包括防务和国家安全、外交和国际事务、国际经济政策、全球健康政策、社会政策等方面。智库特别成就排行榜(Top Think Tanks by Special Achievement),包括最佳游说型、最佳赢利型、最佳政府附属型、最佳管理型等智库。这些为数众多、排行细致的各类榜单,堪称全球智库影响力的风向标,对于智库的从业者和研究者具有重要的参考价值。

(三)案例研究[2]

对于智库影响力的研究,如果在定性和定量研究的基础上,再加入一些案例的验证,无疑会使研究更为深入。具体来说,智库影响的案例研究可以分为两种类型。

一种是分析智库对一国某个时期内政与外交政策或某项政策的影响。

---

[1] 具体可参见该报告的"智库指数评估过程"的说明,网址是 http://gotothinktank.com/index/the-go-to-index-ranking-process/。

[2] 通常"案例研究"也会被归入定性研究方法之中,但这里为了强调案例研究法在智库影响力研究中的重要性,以及考虑到定量研究中也会使用案例,特将之单列成一种与定性研究、定量研究平行的研究类别。

在美国智库的研究中，分析智库对某个总统任期间内政与外交政策影响非常流行，如唐纳德·阿伯尔森（Donald Abelson，2009）以卡特（1976年）、里根（1980年）、克林顿（1992年）、小布什（2000~2004年）四位总统作为案例，分析智库在他们总统竞选期间或总统任期内的影响。国内类似的研究则有《冷战后美国思想库在影响对华决策中的角色评析》（宋静，2009）、《论美国智库对外交政策的影响：以1959~1969年美国对华政策为例》（陈广猛，2006）、《美国思想库对小布什政府发动伊拉克战争的影响》（江东晛，2011）、《美国思想库对美国的"一个中国"政策的影响》（张春，2011）等。

另一种是分析单个智库对一国内政与外交政策的影响。这通常是指欧美国家的一些大型智库，如美国的对外关系委员会、兰德公司，英国的皇家国际事务学会等，类似的研究有《对外关系委员会的"中国研究项目"和中美关系的转变：1962-1968》（陈广猛，2012）、《传统基金会及其对布什对华政策的影响》（胡炜，2007）、《试论美国思想库在美国对华政策决策中的作用——以兰德公司为例》（张树彬，2005）等。

值得一提的是，在智库影响力的案例研究中，还可以考虑使用档案分析法。同国内学术界目前在美国外交史研究中广泛利用官方外交档案（如美国国务院出版的美国外交文件 FRUS）相比，对于智库等非官方机构外交档案的使用还较为缺乏。实际上，智库对美国政策议程的设定具有重要的推动作用，很多美国政府政策的思想雏形在智库的研究报告中都能找到其影子。对于衡量智库影响力的难题，如果能通过档案分析的方法，对比智库最初提出的政策思想和美国政府最终的正式政策文件，考察其中所发生的变化并追踪变化的过程，必定可以为智库影响力的研究提供一些较有说服力的案例（陈广猛，2009）。

五 小结

从以上智库的定义、组织管理、发展演变、影响力等四个方面的研究来看，社会科学的很多研究方法都有所运用，但侧重点各不相同。

首先，作为研究这些形态各异组织的第一步，对智库概念进行定义显然是必不可少的。这种概念的界定又可包括三个方面：即一般性智库定义、国别智库定义、个体智库定义。从各自定义的差别中，我们可以看出该问题的复杂性。而从研究方法的角度来说，对于智库的定义，可以采取比较研究法、层次分析法等。其中比较研究法是进行智库定义研究的一个好方法。具体来说，对于智库定义的比较可以从三个层面展开：一是与其他国家的智库进行比较；二是在某个国家内部与相似组织机构作比较；三是进行不同类型智库之间的比较。

其次，作为一种常见的非营利组织和政策研究机构，智库的运作有其特别之处。他们的领导体制、财务管理、各种活动的开展等方面都很有特点。从研究方法来看，关于智库的组织管理，最好采用访谈研究法、实地考察法。目前国内已有学者运用这些方法对美国智库进行了一些考察，他们的发现有助于我们深入了解美国智库的运行机制，希望未来此类研究会越来越多。

再次，各个国家的智库目前所呈现出的状况是过去长期演化的结果，因而要想对他们有深入的认识，就必须了解智库的历史演变过程。一般来说，智库的发展演变，可从两个方面进行考察：一个是智库整体的发展历史；另一个是个别智库的发展历史。从研究方法来看，关于智库发展演变的研究，比较重要的有层次分析法和档案分析法。将纷繁复杂的各类智库按照发展阶段、各种类型做出不同"层次"的划分，再结合特定历史时期的社会思潮，可以使我们对于智库的整体发展演变有更为清晰的认识。而通过对各智库的档案分析，则可以使我们详细了解各大智库的发展历程，总结出智库发展的一般规律，加深对智库这个重要社会现象的认识。

最后，对于智库影响力的研究，始终是智库研究的一个中心环节，也是智库研究的一个难题。究其原因，主要是智库作为一种提供"思想"这种无形产品的组织，很难对他们的影响力进行观察和评估。从研究方法的角度来看，对于智库影响力的研究，主要有定性研究和定量研究两大类。其中定性研究是目前智库影响力研究的主要方法，研究者通过历史回顾、文献分析、观察访问、参与经验等途径获得智库的相关资料，来对其影响力进行分析。定量研究主要通过问卷调查、数理统计、线性回归分析等方法来解决智库影响力的大小问题。此外，在定性研究和定量研究的基础上，还可以加入案例研究的方法。

总之，在实际的研究智库的过程中，各种研究方法经常需要结合在一起，交叉组合使用。在总结已有研究成果的基础上，如果能够在研究方法上取得新的突破，一定可以给该领域的研究带来新的进展。

参考文献

Dickson, Paul. 1971. Think Tanks. New York: Atheneum.

Rich, Andrew. 2004. Think Tanks, Public Policy and the Politics of Expertise. New York: Cambridge University Press.

Stone, Diane. 1996. Capturing the Political Imagination: Think Tanks and the Policy Process. London: Frank Cass.

中国现代国际关系研究所，2003，《美国思想库及其对华倾向》，时事出版社。

Simon, James. 1993. "The Idea Broker: The Impact of Think Tanks on British Government." *Public Administration* 71: 492.

薛澜、朱旭峰，2006，《"中国思想库"：涵义、分类与研究展望》，《科学学研究》第3期。

Tatiana Teixeira da Silva. 2012. "Brazilian Think Tanks and Their Search for Identity and Recognition." Paper delivered at the 2012 Congress of the Latin American Studies Association, San Francisco, California, May 4.

陈广猛，2009，《中国外交思想库：定义、分类和发展演变》，《外交评论》第1期。

Abelson, Donald E. . 1996. American Think Tanks and Their Role in U.S. Foreign Policy. London: MacMillan Press.

Denham, Andrew and Mark Garnett. 1998. *British Think Tanks and the Climate of Opinion*. London: Routledge.

McGann, James G. . 2015. "2014 Global Go to Think Tank Index Report." Philadelphia: University of Pennsylvania.

林芯竹，2007，《为谁而谋：美国思想库与公共政策制定》，知识产权出版社。

王莉丽，2010，《旋转门：美国思想库研究》，国家行政学院出版社。

Bone, Mary, and Charles Carrington. 2004. *Chatham House: Its History and Inhabitants.* London: The Royal Institute of International Affairs Chatham Houe.

中国社科院拉美研究所，2012，《全球拉美研究智库概览》（上、下册），当代世界出版社。

陈广猛，2009，《中国对美国思想库的研究》，《世界经济与政治论坛》第1期。

陈广猛，2010，《论思想库对中国外交政策的影响》，《外交评论》第1期。

陈广猛，2006，《论思想库对美国外交政策的影响——以1959-1969年美国对华政策为例》，硕士学位论文，南京大学。

McGann, James G.. 1995. The Competition for Dollars, Scholars and Influence in the Public Policy Research Industry. New York: University Press of America.

Abelson, Donald E.. 2002. Do Think Tanks Matter? Assessing the Impact of Public Policy Institutes, 1st edition. Montreal: McGill - Queen's University Press.

Abelson, Donald E.. 2009. Do Think Tanks Matter? Assessing the Impact of Public Policy Institutes, 2nd edition. Montreal: McGill - Queen's University Press.

Rich, Andrew. 1999. "Think Tanks, Public Policy and the Politics of Expertise." Ph. D diss., Yale University.

里奇，安德鲁，2010，《智库、公共政策和专家治策的政治学》，潘羽辉等译，上海社会科学院出版社。

宋静，2009，《冷战后美国思想库在影响对华决策中的角色评析》，博士学位论文，华东师范大学。

江东晛，2011，《美国思想库对小布什政府发动伊拉克战争的影响》，共识网。http://www.21ccom.net/articles/qqsw/qyyj/article_2011032332137.html，最后访问日期：2015年7月1日。

张春，2011，《美国思想库对美国的"一个中国"政策的影响》，复旦大学出版社。

陈广猛，2012，《对外关系委员会的"中国研究"及其对中美关系的影响：1962-1968》，《历史教学问题》第4期。

胡炜，2007，《传统基金会及其对布什对华政策的影响》，硕士学位论文，解放军外国语学院。

张树彬，2005，《试论美国思想库在美国对华政策决策中的作用：以兰德公司为例》，硕士学位论文，河北师范大学。

The Methodology of Think Tank Studies

Chen Guangmeng

Abstract: In the study of Think Tanks, methodology is very important to research quality. According to the main contents of Think Tank studies such as the definition, management, evolution and influence, this paper sorted out and analyzed the methodological applications of comparative study, field visit, interview study, hierarchical analysis, archival analysis, qualitative and quantitative analysis, case study, etc., so as to provide some enlightenment and reference for the future Think Tank researchers.

Keywords: Think Tanks, Studies, Methodology

（责任编辑：陈青）

中国智库研究文献计量分析报告（1998～2015年）

孔放 黄松菲 李刚[*]

摘　要： 智库研究属于交叉学科性质的研究领域。近年来由于中国特色新型智库建设成为国家战略，智库这一领域成为研究热点。本报告利用 CSSCI 数据库的数据，从文献数量的年度分布、文献作者分析、文献地区分布、作者所在机构及其类型和文献主题分析等多重角度对中国智库研究的相关文献进行计量分析，并通过 Netdraw 等社会网络分析软件，对结果进行可视化分析。

关键词： 智库　计量分析　可视化

一　引言

智库，即 Think Tank，又被翻译为"思想库""智囊团""外脑"等。智库一般都是专注于公共政策研究和咨询的非营利性机构。中国特色新型智库是以战略问题和公共政策为主要研究对象、以服务党和政府科学民主依法决策为宗旨的非营利性研究咨询机构。按照智库的广义定义，中国智库早在战国时期就出现了——稷下学宫就是当时政策辩论和政策咨询的机构。古代中国中央政府一直有养士的机构——从太学到翰林院或多或少都具有政策咨询的职能，但清代的幕府才是比较标准的智

---

[*] 李刚，南京大学信息管理学院教授、博导，智库研究所所长；孔放、黄松菲，南京大学信息管理学院研究生。

囊机构。不过,一般都认为典型的现代智库产生于美国,如罗素·赛奇基金会(1907年成立)、市政研究局(1907年成立)、卡内基国际和平基金会(1911年成立)、洛克菲勒基金会(1913年成立)和布鲁金斯学会(1927年成立)等美国第一批智库,已经经营过百年。美国已经成为世界第一智库大国和强国。美国对智库的研究可以追溯到1971年保罗·迪克森(Paul Dickson)撰写的《智库》一书,自那时起,智库研究就成为美国政治科学、知识社会学和公共管理学交集中一个生机勃勃的领域。根据近期对 Web of Knowledge 和 ProQuest 等平台的检索,发现智库方面的英文博士论文有50余篇,专著有30余部,其他论文有200余篇。特别是自2007年宾夕法尼亚大学詹姆斯·麦甘课题组发布《全球智库索引报告》(Global Go to Think Tank Index Report)以来,智库研究逐渐成为一个全球公共政策议题。

中国国际关系学界很早就关注西方智库发展和智库研究的进展。1982年吴天佑、傅曦编译了《美国重要思想库》,后来又出现了朱旭峰、王莉丽、李国强等智库研究专家。据统计,1982~2015年智库方面的学术图书有40余种,各种文章近1000篇。为提升分析样本的权威性,本文基于"中文社会科学引文索引"(CSSCI)数据库,选用"智库""思想库"为关键词对"篇名"字段进行检索,得到相关文献270篇。除此之外,通过以美国宾夕法尼亚大学发布的《全球智库报告2013》和《全球智库报告2014》中排名前50位的具体智库名称,如"卡内基国际和平基金会""国际战略研究所""传统基金会""兰德公司""俄罗斯科学院"等为关键词再分别进行"篇名"字段检索,分析得到26篇文献。所有的检索都将时间回溯到数据库收录的最早时间1998年1月1日,截至2015年8月25日。之后将所有检索到的文献进行筛选(删除重复或与主题无关的文献),结果一共得到238篇文献。本文将以这238篇文献为基础,从各年文献量、作者、地区、机构和主题等多角度进行进一步统计与分析。

二 年度分布

对文献的年度分布进行统计是文献计量分析的一个重要方面。文献量的年度分布能够在一定程度上反映中国智库研究的发展程度和趋势。从CSSCI收录文献最早时间1998年1月1日开始到2015年8月25日止，检索到的文献数量分布统计如表1所示。需要特别说明的是，表格中2015年的文献数量并非是其对应的文献总数，之所以将这年数据进行统计和展示，是因为虽然2015年还未结束，但是从年初至检索截止日期，2015年的文献数量已经达到37篇，几乎追平2014年的文献总数，这体现了中国智库研究的强劲增长趋势。各年的文献数量走势分布如图1所示，由于文献数量走势需要的是各年文献总数，因此在走势图中并未显示2015年的文献数据。

表1 1998~2015年文献数量统计

单位：篇

年份	1998	1999	2000	2001	2002	2003	2004	2005	2006
文献数量	3	3	2	3	3	3	8	14	5
年份	2007	2008	2009	2010	2011	2012	2013	2014	2015
文献数量	8	7	14	20	14	30	25	39	37

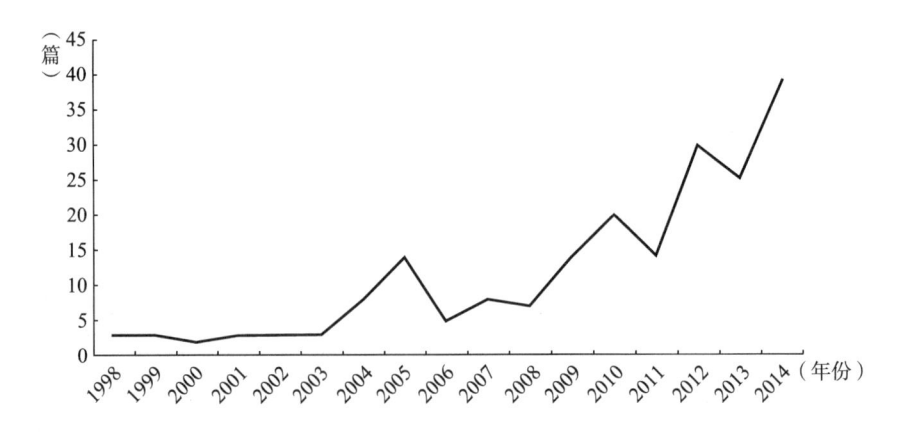

图1 1998~2015年文献数量走势

由表1和图1可知,中国智库研究的文献量总体呈现上升趋势,大致可以分为三个阶段,第一阶段是1998~2003年,这一阶段中国智库的研究还处在起步阶段,年度文献量都在2~3篇,发布的文章总量很少。第二阶段为2004~2008年,这一阶段是中国智库研究的缓慢发展时期,在此期间的年度文献数量总体有所增加,但是变化趋势不太稳定,在2005年出现了一个小高峰之后,文献数量不增反降,之后两年几乎没有太大的变化。第三阶段为2009年至今,这一阶段中国智库研究的发展较为迅速,文献总量快速增多,总体呈明显的上升趋势。

这些现象反映了中国的智库研究经历了从起步到缓慢发展,再到快速发展的一个过程。结合中国有关智库的政策,和一些较权威的媒体关于智库的报道内容及报道数量变化,不难发现,随着政治层面对智库的关注度越来越高,文献数量也在逐渐增多。2012年中央经济工作会议上,习近平指出,要健全决策咨询机制,按照服务决策、适度超前的原则,建设高质量智库。2012年11月8日,十八大报告指出:"坚持科学决策、民主决策、依法决策,健全决策机制和程序,发挥思想库作用,建立健全决策问责和纠错制度。"2013年4月15日,习近平对建设中国特色新型智库做出重要批示。十八届三中全会《中共中央关于全面深化改革若干重大问题的决定》进一步明确提出"加强中国特色新型智库建设,建立健全决策咨询制度"。2014年2月教育部发布了《中国特色新型高校智库建设推进计划》,2015年1月中共中央办公厅、国务院办公厅印发了《关于加强中国特色新型智库建设的意见》。这是近年来国家发布的与智库有关的最重要的两份文件。他们的发布也说明了近几年中国智库研究已经积累了一定的基础和有了一定的深度,并且今后智库研究的热度会持续上升。

三 作者分析

对作者进行分析有助于了解中国智库研究领域的高产作者和学术研究群体,从而能对中国该领域研究人员的活动规律有更深入的认识。

根据普赖斯定律：在同一主题中，半数的论文为一群高生产能力作者所撰。这些作者集合的数量约等于全部作者总数的平方根。经统计，所选取文献的作者总人数为187人，将187开根号后约等于13。笔者对所选取文献的第一作者进行了统计，发文量在3篇（含3篇）以上的作者有12人，大致符合普赖斯定律所说的高产作者群。笔者对这些作者进行了排序，得到的结果如表2所示。

表2 以第一作者为据的高产作者文献数量统计（文献数量≥3）

单位：篇

姓名	文献量	姓名	文献量
徐晓虎	6	范晓良	3
王莉丽	5	侯经川	3
许华	5	胡鞍钢	3
朱旭峰	5	苏江丽	3
陈广猛	4	萧良	3
孙志茹	4	薛澜	3

由表2可知，以第一作者为据进行统计，文献数量最多的作者是来自南京航空航天大学经济与管理学院的徐晓虎。他从2012年开始在CSSCI上发表文章，所有的文献主题皆与智库相关，至今文献量达到6篇。并列第二的有王莉丽、许华、朱旭峰三人，文献量皆为5篇。王莉丽是中国人民大学副教授，主要研究领域有思想库、政治传播、公共外交、环境传播等，著有《旋转门——美国思想库研究》（2010）、《智力资本：中国智库核心竞争力》（2015）等智库研究相关的著作。许华是中国社会科学院俄罗斯东欧中亚研究所副研究员，研究领域为俄罗斯社会文化。朱旭峰是清华大学公共管理学院教授，主要研究领域包括政策过程理论、思想库与专家参与、科技政策、气候与环境政策、转型与公共治理等。他的《中国思想库：政策过程中的影响力研究》（2009），无论是理论建构还是实证分析都代表了中国智库研究的里程碑。

对这些高产作者的背景进行分析得出，这些作者的研究领域都属于公共管理、政治科学和国际关系。作者大多数来自我国高校系统，少部分来自社会科学院和党校系统。

文献计量学中，洛特卡定律描述了科学工作者人数与其所著论文之间的关系，即：写两篇论文的作者数量约为写一篇论文的作者数量的1/4；写三篇论文的作者数量约为写一篇论文的作者数量的1/9；写N篇论文的作者数量约为写一篇论文的作者数量的$1/N^2$……而写一篇论文的作者的数量约占所有作者数量的60%。因此，笔者又对发文量在3篇以下的作者进行了统计，其中，发文量为2篇的作者有16位，发文量为1篇的作者有159位。最后计算得出，发文量为3篇的作者数量约占发文量为1篇的作者数量的1/27，发文量为2篇的作者数量约占发文量为1篇的作者数量的1/10，发文量为1篇的作者数量约占所有作者数量的85%，所有的数据都与洛特卡定律有较大的差距。同时，根据普赖斯定律，半数的论文为一群高生产能力作者所撰，但是该领域的高生产作者的发文总量为47篇，只占文献总量的20%，与定律所说的一半有很大差距。造成这些差距的原因是发文量为1篇的作者过多。文献计量学认为在一个研究领域发表1篇论文后就不再有新文献出现的作者属于"学科过客"。一个研究领域的"学科过客"越多说明该研究领域越不成熟，"学科过客"数量与研究领域成熟度成反比关系。我国智库研究领域中发文量为1篇的作者占比高达85%，说明该领域学术共同体尚未成熟，没有形成稳定的学术研究群体。但从肯定性的视角看，智库研究正处于学科建制的快速发育期，充满了机会。

四 地区分布

对作者所在地区进行分析，可以从空间上了解我国智库研究文献的分布特征，直观地看出一个地区的智库研究水平，以及地区间智库研究水平的差异。

此次以第一作者所在机构的省（自治区、直辖市）为依据进行统计。由于在238篇文献中，有13篇文献未注明机构单位，无法得知机构所在地区，所以在分析中将其剔除。除此之外，有3篇文献为中外合作成果，且第一作者为外国人，故也将其剔除。剩余222篇注明机构单位信息的文献共涉及26个省（自治区、直辖市），图2展示了东中西三大地区文献数量的比例。表3显示了文献数量不低于5篇的省（自治区、直辖市）的统计结果。这样的省（自治区、直辖市）共有11个，约占全国所有省份数量的1/3。图3显示了各地区文献量数占总文献数量的比例。

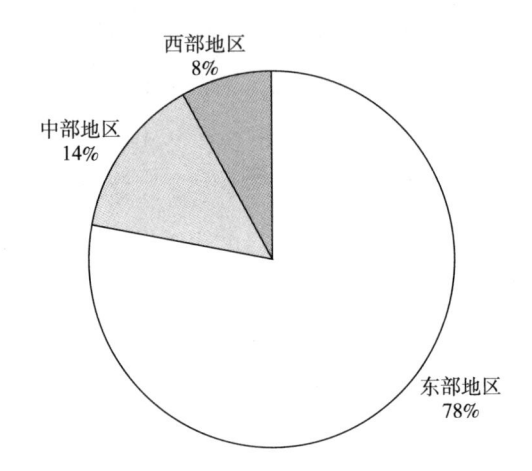

图2　东中西三大地区文献数量比例

表3　地区文献数量统计（文献数量≥5）

单位：篇

序号	省（自治区、直辖市）	文献数量
1	北京市	86
2	上海市	29
3	江苏省	25
4	湖北省	12
5	甘肃省	8
6	浙江省	6
7	福建省	6
8	山西省	6
9	河北省	6
10	天津市	5
11	黑龙江省	5

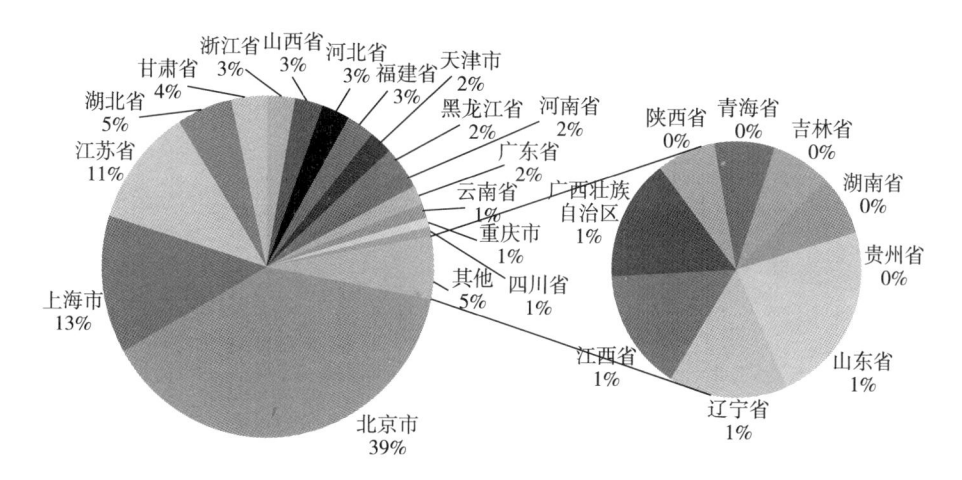

图3 各地区文献数量占总文献数量的比例

表3和图2、图3表明，智库研究成果主要来源于东部发达地区。东部地区智库研究文献数量占总文献数量的78%，处于绝对主导地位；中部地区文献数量占总文献数量的14%；西部地区文献数量占总文献数量的8%，远低于其他两个地区。这种现象说明了智库研究水平与地区经济发展水平基本保持正相关关系，和地区经济发展水平大体上为同步发展的关系。这是因为经济发达的地区，高校云集，科研院所集中，有足够的科研力量和资金支持。

具体而言，北京市、上海市、江苏省是我国智库研究水平最高的地区。这三个地区的文献数量之和约占总文献数量的63%。北京市目前是我国智库研究的中心城市，1/3以上的文献数量来自北京市。上海市的智库研究水平也较高，但其29篇文献和北京市的86篇相比还有较大差距。笔者认为，北京市作为我国的政治、文化和科研中心，她的这种地位会长期保持，短时间内难以被超越。

除此之外，值得注意的是西部地区的甘肃省。虽然西部地区总体文献数量不多，仅有18篇，但甘肃省的文献就占8篇，约占西部地区总文献数量的44%，仅次于北京市、上海市、江苏省、湖北省，居第五位。这是由于国家图书馆兰州分馆设立在甘肃省兰州市。该分馆的张志强教授带领课题组对思想库的特点、演变历史、影响力以及欧美思想库进行研究，发表过多篇相关论文。因此该地区的智库研究水平与东部发达地区基本持平。这说明经济发展水平并不是影响智库研究水平的唯一因素，科研实力尤其是高校、研究所水平也是重要的影响因素，有时候一个课题组就能改变某个研究领域的地缘知识版图，特别是对处于成长期的研究领域来说更是如此。

综上，一个地区的智库研究水平，和该地区的经济发展水平、科研实力和政治地位有着密切关系，其中科研实力尤其是该地区科研机构和高校的质量及数量所产生的影响远远大于经济发展水平，是影响地区智库研究水平的主要因素。究其原因，一方面，与自然科学研究不同，智库研究对经费的需求较少；另一方面，我国的智库活动并不直接与生产活动相联系，智库服务的对象主要是政府管理机构，智库研究某种程度上属于社会效益型研究，社会效益远远大于直接的经济效益。

五　机构分析

对作者所在机构进行分析，有利于对我国的智库研究机构进行评价，了解当前我国智库研究机构的研究水平，发现我国在智库研究领域取得较大成就的研究机构。

与地区分析相同，去除无作者机构信息的13篇文献以及3篇国外文献，共有222篇文献符合分析要求。这些文献共来自111个不同的研究机构。需要说明的是，为避免重复，本次机构分析以第一作者所在机构为研究对象。表4统计的是文献数量不低于5篇的机构。

表4　研究机构文献数量统计（文献数量≥5）

单位：篇

序号	研究机构	文献数量
1	南京大学	11
2	清华大学	11

续表

序号	研究机构	文献数量
3	中国社会科学院	10
4	中国科学院国家科学图书馆兰州分馆	8
5	中国人民大学	7
6	今日中国论坛杂志社	6
7	南京航空航天大学	6
8	上海外国语大学	6
9	北京大学	5
10	复旦大学	5
11	厦门大学	5
12	山西大学	5

笔者分析认为，南京大学、清华大学、中国科学院和中国社会科学院是我国智库研究第一阶梯的研究机构，高质量研究成果数量较多，研究水平较高。其中南京大学和清华大学，均有11篇相关文献。南京大学有关智库的研究侧重于进行国内外对比，学习借鉴国外经验。其文献主要来自南京大学国际关系研究院和信息管理学院。这两个学院比较注重对智库进行研究。智库研究已成为这两个学院的研究方向之一。尤其是信息管理学院还成立了中国智库研究与评价中心，专门从事智库研究和评价工作。与南京大学不同，清华大学拥有相对稳定的作者群。薛澜、朱旭峰、胡鞍钢作为我国知名的智库研究专家，一直是清华大学智库研究的中坚力量。

在文献数量不低于5篇的研究机构中，较为独特的是今日中国论坛杂志社。《今日中国论坛》是中国社会科学院主管的时政类的中央一级期刊，主要刊发时政分析研究的文章。今日中国论坛杂志社在智库研究领域也取得了一定成绩。这进一步说明了智库与国家行政施政的密切关系。

对111个研究机构进行综合统计分析，可以将其分为四类：高校、科研机构、政府部门和其他。如图4所示，61所高校共计发文132篇，

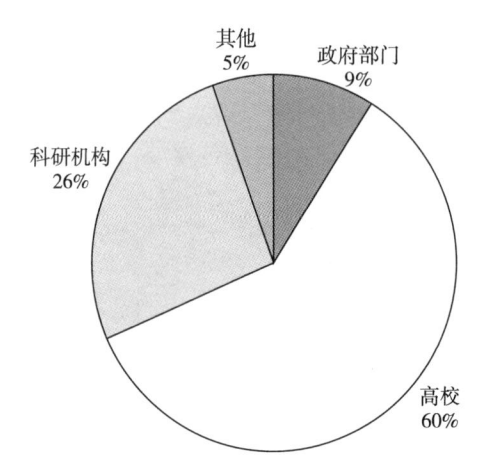

图 4　智库研究机构类别统计

占总数的 60%；科研机构共计发文 58 篇，占总数的 26%，其中中国科学院与中国社会科学院共计发文 38 篇；政府机构发文量为 20 篇，发文机构以教育部门和党校为主；其他发文机构有今日中国论坛杂志社、上海广播电视台、中国石油集团等。

可以得出，以清华大学和南京大学为代表的高校是我国智库研究的主体机构群。前文述及，科研实力是影响地区智库研究水平的主要因素，高校的数量和质量则是地区科研实力的集中体现，图 5 显示了各高校文献数量占高校总文献数量的比例。

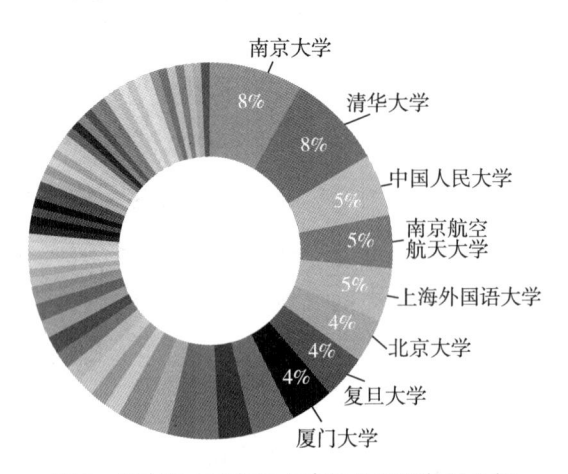

图 5　各高校文献数量占高校总文献数量比例

图 5 所列高校在智库研究领域中有着较高水平，也很有代表性。由图 5 可知，进行智库研究的高校以综合性高校为主，少见工科学校。这是由智库研究的内容和智库自身的性质决定的。

综上，高校和科研院所是我国进行智库研究的两大主要类型的机构，而这两种类型的机构同时也是各学科领域研究的支柱。在社会决策中，他们自身往往也扮演着智库的角色。除此之外，智库研究也得到了国家职能机关、图书馆、党委党校等各种类型组织机构的关注。智库研究不是纯理论研究，也不是纯应用研究，而是一种理论与实际并重、研究与实践并行的综合性研究。

六 主题分析

文献的关键词是对文献主要研究内容和主题的高度概括与凝练，是进行文献主题分析的重要方面。通过对文献关键词的统计分析，我们可以把握中国有关智库研究论文的主要研究方向，挖掘当前中国智库研究的热点。

1935 年美国语言学家齐普夫通过统计分析大量的单词的出现频次，提出了文献计量学中著名的词频分布规律——齐普夫定律。齐普夫第二定律是关于低频词频次与词数关系的定律。1973 年多诺霍（Donohue）根据齐普夫第二定律提出的高频低频词界分公式 $T = \frac{-1 + \sqrt{1 + 8I_1}}{2}$，其中 T 为高频词和低频词的分界频次，I_1 为出现一次的词的数量，高于 T 的为高频词，低于 T 的为低频词。因此，计算得出 $T = 30$，而大于 30 频次的只有"智库"和"思想库"两个，这不能反映本文想要研究的问题。因此，根据 Excel 软件统计，本文选取频次大于等于 3 的关键词列表，如表 5 所示。

表 5 关键词出现频次统计（频次≥3）

单位：次

关键词	频次	关键词	频次	关键词	频次
智库	59	中国研究	5	问题	3

续表

关键词	频次	关键词	频次	关键词	频次
思想库	42	政策过程	5	外交	3
中国特色	15	中国智库	4	社科院	3
决策咨询	14	知识管理	4	社会科学	3
新型智库	10	运行机制	4	软实力	3
中国特色新型智库	9	研究型大学	4	情报研究	3
美国思想库	8	协同创新	4	欧洲智库	3
公共政策	8	社会科学机构	4	民间智库	3
智库建设	7	决策	4	科学思想库	3
新型教育	7	教育智库	4	决策服务	3
美国智库	7	中美关系	3	教育政策	3
美国	7	中国外交	3	教育改革	3
兰德公司	7	治理能力	3	机制	3
俄罗斯科学院	7	知识经济	3	国际关系	3
影响力	6	哲学社会科学	3	地方智库	3
高校智库	6	研究成果	3	布鲁金斯学会	3

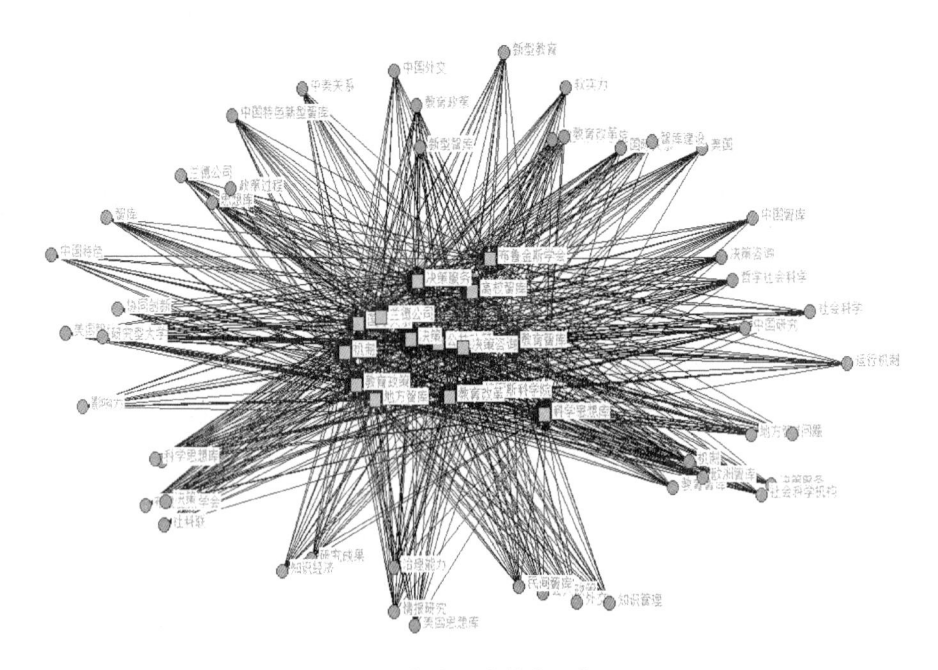

图 6　智库研究热点网络

在所有238篇文献中，共有关键词586个，其中，出现频次不小于2的关键词107个，占总数的18.26%，其中频次不小于3的关键词48个，如表5所示。出现最多的高频关键词是"智库""思想库"，而绝大部分关键词仅出现过一次，甚至包括"职能""机制""功能"等较为空泛的关键词。这一方面反映出当前我国智库研究的相关文献关键词提取能力有待提升，另一方面也反映出当前智库研究范围宽泛，研究方向分散，尚未有比较集中的主题。

此外，表5中出现了"公共政策""决策服务""决策咨询""政策过程"等涉及政府政策问题的高频关键词。这表明为政府政策服务已经成为我国智库的重点和特色。图6是智库研究热点网络。该图是在关键词共词矩阵基础上，运用UNINET和Netdraw软件绘制而成的，其中方块代表智库研究热点，圆点代表与之相关的智库研究方向。近年来，众多智库研究聚集于探讨我国智库为政府工作服务、为国家政策提供智力支撑等问题。这是因为智库提供了强大的智力支撑，是国家软实力的重要组成部分。智库建设已经成为国家发展的需要。

为弥补软件工具统计分析的局限性，笔者通过对文献摘要内容的分析对比，发现涉及关键词"中国特色""新型智库""中国特色新型智库"的文献研究主题基本一致，均是有关中国特色新型智库研究的。2015年1月20日，中共中央办公厅和国务院办公厅印发了《关于加强中国特色新型智库建设的意见》。不到一年的时间里，有关"中国特色新型智库"的研究文献如雨后春笋般迅速出现。可以预见，中国特色新型智库研究将是未来相当长的时间内智库研究的前沿热点。

除中国特色新型智库研究外，当前我国智库研究的主要方向还包括国外智库研究、智库功能研究、特定智库群体研究等。

智库是一个"舶来品"，国外智库是我国智库研究的开端，也是最早的研究热点之一，其中多以美国智库为研究对象，对欧美智库也有所涉及。可以说，美国智库是世界各国智库借鉴和学习的标杆。我国对美国智库的研究也是以吸收引进先进的智库运行模式和管理经验为目的的。

以"美国思想库"为关键词的文献多是早期我国引进思想库概念的研究成果。

发挥智库功能作用，服务社会主义建设是智库研究的根本目的，而智库功能研究是智库研究的核心。智库功能研究属于实践性研究，主要包括决策咨询服务研究、宏观和微观的管理运营研究、成果管理研究、外交支持研究等具体的研究方向。当前智库研究主要集中于智库如何为政府决策提供更好的咨询服务这个问题，因为决策咨询服务是智库的核心功能，而为政府决策提供智力支持是智库发挥咨询服务功能的重中之重。

特定智库群体研究以某一类型的智库为对象进行研究，当前主要着眼点包括高校、社会科学院和民间智库。高校和社会科学院是当前我国主要的智库力量，尤其是高校智库，其数量众多，研究能力强，是智库研究关注的重要领域。民间智库是创新智库管理方式，充分发挥智库功能，服务政府、企业和个人的重要形式，同时也是当前智库管理的盲点。加强特定智库群体研究将为中国特色新型智库建设事业健康发展提供重要资料和参考。

综上所述，中国智库是一个生机勃勃的研究领域，但无论是理论研究还是应用研究都处于摸索阶段。学科建制（学会、专业期刊、研究机构和稳定的学者群体）刚刚起步。我们相信在中国特色新型智库建设的大背景下，随着学科建制的完善，智库研究的成果会越来越丰富。

参考文献

吉亚力、田文静、董颖，2015，《基于关键词共现和社会网络分析法的我国智库热点主题研究》，《情报科学》第3期。

杨安、蒋合领、王晴，2015，《基于知识图谱分析的我国智库研究进展述评》，《图书馆学研究》第10期。

孙清兰，1992，《高频词与低频词的界分及词频估算法》，《中国图书馆学报》第2期。

A Bibliometric Analysis Report of Think Tanks in China (1998~2015)

Kong Fang   Huang Songfei   Li Gang

Abstract: The study of Think Tank has been a rising focus in the academia in recent years, and it is becoming a national study field because of one of Think Tank's functions—serving policy-making. Based on CSSCI database, the paper used the method of the Bibliometric Analysis to analyzes the literatures on the study of Think Tank in China in terms of the distribution of the yearly literatures' amount, the analysis of the authors, the area distribution of the literatures, the institutions in which the authors work and the types of these institutions, and the literatures' themes. The paper also used some social network analytical software, such as Netdraw, to do Visual Analysis of the literatures.

Keywords: Think Tank, Bibliometric Analysis, Visual Analysis

（责任编辑：史晓琳）

·智库观点·

中国资源环境承载力分析

路　兴[*]

摘　要：随着我国经济的快速发展，资源消耗量越来越大，对环境造成的不良影响增大，资源环境承载力已成为研究热点。本文从资源环境支撑系统、保育系统、经济系统和耗散系统四个方面构建包含35个指标的评价体系，利用 GRA – TOPSIS 分析法，对我国 2004～2013 年的资源环境承载力进行分析。研究发现，我国资源环境承载力总体呈"U"形变动趋势，在 2011 年降到最低点后逐步提升，但仍处于较低水平。建议通过提高资源环境利用率、节能降耗、减少污染、加强环境保护，提高资源环境承载力。

关键词：资源环境　承载力　GRA – TOPSIS 分析法

一　文献回顾

国外对资源环境承载力的研究可追溯到 1949 年美国学者 Gugate 所著的《生存之路》，书中首次提出"生态失衡"概念。20 世纪六七十年代，罗马俱乐部构建了"世界模型"，对世界范围内的土地、水、食物、矿产等资源进行了系统评价，深入分析了人口增长、经济发展同资源过

---

[*] 路兴，国家统计局北京调查总队，研究方向：宏观经济。

度消耗、环境恶化和粮食减产之间的相互关系,并预测全球经济将在21世纪达到最大阈值。

20世纪90年代,我国学者开始关注资源环境承载力问题。1991年,北京大学环境科学中心主持的一项研究将综合性环境承载力作为研究核心,并界定资源环境承载力的含义为"在特定的时空范畴内,特定区域所能承受的人类对环境作用的最大限度值"。祝尔娟、祝辉(2013)指出,因为人类所依存的环境不仅仅是自然生态环境,还依存于人工环境系统以及社会经济支持系统,所以承载力的概念经历了从种群承载力、资源承载力、生态承载力到复合承载力的发展历程。李华姣、安海忠(2013)对1991~2012年资源环境承载力文献进行较为全面的综述,指出目前资源环境承载力评价方法以生态足迹法为主,研究方法上经历了从单一到综合,从静态到动态,从定性到定量的变化过程。

下面对较有代表性的文献进行简要介绍:李岩(2010)构建了反映资源与环境综合承载力的土地面积、人口密度、地区生产总值、单位GDP能耗、播种面积、客运量、货物周转量、废水排放总量、工业废气排放总量以及工业固体废物产生量10项统计指标,采用主成分分析法评价资源环境承载力。毕明(2011)利用主成分分析法对京津冀城市群资源环境承载力进行研究,指出城市间承载力悬殊。赵鑫霈(2011)对长江三角洲城市的资源环境承载力进行研究,发现上海市的资源环境承载力状况最好,南京市和苏杭等地较差。吴丹等(2014)在充分考虑经济发展质量的前提下,对广东珠三角资源承载力进行研究,从经济、资源环境等角度分析了珠三角城市承载力变动的原因,并提出了相应的意见和建议。陈修谦、夏飞(2011)对中部六省的资源环境承载力进行比较分析后发现,江西省得分最高,主要得益于其资源使用效率和环境治理水平较高,河南省次之,山西省排名最末,湖北省、安徽省和湖南省居中。吴振良(2010)对环渤海三省两市的资源环境承载力进行定量评价发现,区域资源环境承载力禀赋存在结构性及功能性不均，区域资源环境开发和污染强度受经济结构影响明显，水资源短缺成为区域发展的瓶颈，北京市、山东省资源环境承载力禀赋与发展保障度不协调，天津资源环境禀赋最差，河北省、辽宁省资源环境的经济消耗率有待降低。邬彬（2010）采用主成分分析法对深圳市资源环境承载力进行综合评价发现，深圳市社会经济发展状况对区域企业环境承载力的支持强度处于下降趋势，原因主要是城市急剧扩张，人口与经济高速增长，资源快速消耗。孙春华（2013）对内蒙古自治区地级市城市承载力进行综合评价，指出水资源是影响其城市承载力的瓶颈因素。王志伟等（2010）利用状态空间模型从资源、环境、社会经济角度对青岛经济开发区资源环境承载力进行评价，发现该地区资源环境承载力略微超限。

在资源环境承载力评价指标选取上，主要包括资源规模、环境影响因素和经济社会等方面。从分析方法上来看，主要有主成分分析法、层次分析法、综合分析法、状态空间模型法等。本文在借鉴以上研究成果的基础上，从资源环境支撑系统、保育系统、经济系统和耗散系统四个方面构建评价体系，利用 GRA – TOPSIS 分析法，对我国 2004～2013 年的资源环境承载力进行分析。

二 我国资源环境状况简述

我国从总体上看是"地大物博"，但土地、水、矿产等重要资源人均占有量不足世界人均水平的一半，同时资源浪费与环境恶化成为我国经济社会发展面临的巨大困境。我国资源环境面临的问题主要表现在以下几个方面：①土地资源总量多、人均少、优质耕地少，可开发的后备资源少，由于非农用地大量增加，良田大幅减少，部分沿海省市人均耕地面积远低于 0.8 亩的警戒线。②水资源总量丰富、人均不足。我国淡水总量约为 2800 亿立方米，占全球水资源的 6%，居世界第 4 位，但人均淡水资源只有 2000 立方米，仅为世界平均水平的 1/4，在世界上名列第121位,是全球13个人均水资源最贫乏的国家之一。全国670多座城市中,有400多座城市存在供水紧张问题,严重缺水的城市多达110座。全国缺水总量为60亿立方米。③水土流失加剧,自然灾害频发。2013年我国水土流失1068920平方公里,水蚀、风蚀和冻融面积达350多万平方公里,全国沙化土地170多万平方公里,黄河、长江流域年入河泥沙分别达16亿吨和24亿吨,全国90%可利用天然草原出现不同程度的退化;自然灾害导致农作物受灾绝收面积达38444平方公里,受灾人口38118.7万人次,受灾死亡人口2284人,直接经济损失5808.4亿元,远高于近年来平均水平。④能源人均指标水平低,供应不足。2013年我国石油储量为336732.8万吨,天然气储量为46428.8亿立方米,煤炭储量为2362.9亿吨,而人均储量分别为2.47吨、3405.64立方米和173吨,远低于世界平均水平。2012年我国一次能源生产总量为331848万吨标准煤,是2000年的2.46倍,年均增长率为7.16%,能源消费总量为361732万吨标准煤,是2000年的2.49倍,年均增长率为7.26%,能源供需缺口为29884万吨标准煤。人均煤炭、石油、天然气消费量分别为世界平均水平的79.1%、44.7%和10.1%。⑤环境恶化、污染严重。我国工业化快速发展的同时水污染日益严重,近几年水污染事故每年都在1700起以上,水资源质量不断下降,使农业减产甚至绝收,造成了不良的社会影响和较大的经济损失。中国河流长度有67.8%被污染,全国城镇饮用水水质不安全涉及人口达1.4亿人。2013年废水、废气和生活垃圾年排放量分别高达695亿吨、0.2亿吨和1.7亿吨。近10年来除废气排放量略有下降外,废水和生活垃圾排放量分别以年均1.06%和3.73%的速度增长。

三 资源环境承载力评价指标

为准确反映我国资源环境状态,本文在综合比较多种资源评价方法与体系的基础上,构建包括资源环境支撑系统、保育系统、经济系统和耗散系统四个子系统的评价指标体系,共包含35个具体指标。资源环境支撑系统是决定资源环境承载力大小的基础要素；资源环境保育系统是保护、修复和改善资源环境状况的体系；资源环境经济系统是保护和提升资源环境承载力的必要措施；资源耗散系统反映资源消耗与环境污染的状况，是资源环境承载力大小的决定性要素，评价指标体系详见表1。

表1 资源环境承载力评价指标体系

子系统	指标名称	指标单位	指标权重	指标属性
资源环境 支撑系统 （权重：0.2505）	建成区面积	平方公里	0.0279	正向
	煤炭储量	亿吨	0.0274	正向
	年末总人口	万人	0.0275	正向
	石油储量	万吨	0.0283	正向
	天然气储量	亿立方米	0.0273	正向
	铁矿储量	亿吨	0.0275	正向
	水资源总量	亿立方米	0.0284	正向
	农作物总播种面积	十平方公里	0.0286	正向
	铜矿储量	万吨	0.0276	正向
资源环境 保育系统 （权重：0.2088）	城市绿地面积	百平方公里	0.0292	正向
	城市污水日处理能力	万立方米	0.0271	正向
	建成区绿化覆盖率	百分比	0.0306	正向
	森林覆盖率	百分比	0.0355	正向
	生活垃圾无害化处理率	百分比	0.0302	正向
	造林总面积	十平方公里	0.0261	正向
	自然保护区占辖区面积比重	百分比	0.0301	正向
资源环境 经济系统 （权重：0.2641）	城市环境基础设施建设投资额	亿元	0.0313	正向
	城市园林绿化建设投资额	亿元	0.0322	正向
	工业污染治理完成投资	万元	0.0276	正向
	环境污染治理投资总额	亿元	0.0292	正向
	治理废气项目完成投资	万元	0.0305	正向
	治理废水项目完成投资	万元	0.0271	正向
	治理固体废物项目完成投资	万元	0.0287	正向
	国内生产总值	亿元	0.0288	正向
	人均国内生产总值	元	0.0287	正向

续表

子系统	指标名称	指标单位	指标权重	指标属性
资源环境耗散系统（权重：0.2766）	生活垃圾清运量	万吨	0.0268	负向
	煤炭消费总量	万吨标准煤	0.0289	负向
	能源消费总量	万吨标准煤	0.0280	负向
	石油消费总量	万吨标准煤	0.0282	负向
	天然气消费总量	万吨标准煤	0.0267	负向
	二氧化硫排放量	吨	0.0273	负向
	废水排放总量	万吨	0.0280	负向
	工业用水总量	亿立方米	0.0293	负向
	农业用水总量	亿立方米	0.0264	负向
	生活用水总量	亿立方米	0.0270	负向

注：①指标属性中正向指标值越高，承载力越高；负向指标值越高，承载力越低；②指标权重根据熵值法计算得到。

由表1可知，从子系统层面看，资源环境耗散系统、资源环境经济系统对资源环境承载力的影响较大；从各指标权重来看，影响程度居前五位的是：森林覆盖率、城市园林绿化建设投资额、城市环境基础设施建设投资额、建成区绿化覆盖率和治理废气项目完成投资；影响程度居后五位的是：生活用水总量、生活垃圾清运量、天然气消费总量、农业用水总量和造林总面积。

四 资源环境承载力评价方法

本文选用基于熵值权重的 GRA – TOPSIS 评价方法，测算资源环境承载力。该方法根据样本数据，客观确定评价指标的权重，先运用灰色关联分析，比较样本数据的相似程度，判断其联系是否紧密，确定各个评价单元之间的关联程度，然后采用 TOPSIS 分析方法，确定各项指标的正理想值与负理想值，得出各个评价单元与最优方案的接近程度。该评价方法完全利用评价单元的样本数据，依据评价单元之间的灰色关联度和 Euclid 距离进行 TOPSIS 排序，不需要客观权重信息，减少人为影响，使评价结果更加合理。GRA – TOPSIS 方法计算步骤如下。

（一）数据标准化

设样本数据为 $X=(x_{ij})_{m\times n}$，其中 x_{ij} 为第 i 个评价年度在第 j 个指标下的观测值，其中 $i\in m$、$j\in n$。标准化后的数据记为 $Y=(y_{ij})_{m\times n}$。正、负向指标处理方法分别为：$y_{ij}=[x_{ij}-\min\limits_{i}(x_{ij})]/[\max\limits_{i}(x_{ij})-\min\limits_{i}(x_{ij})]$ 和 $y_{ij}=[\max\limits_{i}(x_{ij})-x_{ij}]/[\max\limits_{i}(x_{ij})-\min\limits_{i}(x_{ij})]$。

（二）根据熵值法确定各个评价指标权重

（1）确定第 j 项指标的熵值 e_j，$e_j=-k\sum\limits_{i=1}^{m}p_{ij}\ln(p_{ij})$，其中 $p_{ij}=y_{ij}/\sum\limits_{i=1}^{m}y_{ij},(i=1,2,\dots,m)$。

（2）计算第 j 项指标的差异系数 g_j，$g_j=(1-e_j)/(m-E_e)$，其中 $E_e=\sum\limits_{j=1}^{n}e_j$，$0\leqslant g_j\leqslant 1$，$\sum\limits_{j=1}^{n}g_j=1$。

（3）确定第 j 项指标的权重 w_j，$w_j=g_j/\sum\limits_{j=1}^{n}g_j$。

（三）根据 TOPSIS 法测算承载力

（1）确定加权规范化矩阵 Z。$Z=(Z_{ij})_{m\times n}$，$z_{ij}=w_i y_{ij}$，正理想值 $Z^+=(z_1^+,z_2^+,\dots,z_n^+)=w$，负理想值 $Z^-=(z_1^-,z_2^-,\dots,z_n^-)=0$，其中 $z_j^+=\max\limits_{i}z_{ij}=w_j$，$z_j^-=\min\limits_{i}z_{ij}=0$。

（2）计算各评价单元与正、负理想值的 Euclid 距离 d_i^+、d_i^- 和灰色关联系数。$d_i^+=\sqrt{\sum\limits_{j=1}^{n}(z_j-z_j^+)^2}$，$d_i^-=\sqrt{\sum\limits_{j=1}^{n}(z_{ij}-z_j^-)^2}$。

（3）计算评价单元与正、负理想值灰色关联度 r_i^+ 和 r_i^-。$r_i^+=\frac{1}{n}\sum\limits_{j=1}^{n}r_{ij}^+$，$r_i^-=\frac{1}{n}\sum\limits_{j=1}^{n}r_{ij}^-$，其中，$r_{ij}^+=\rho w_j/w_j-z_{ij}+\rho w_j$，$r_i^+=\rho w_j/z_{ij}+\rho w_j$，$\rho$ 为分辨系数，值越小分辨力越大。此处取 $\rho=0.5$。

（4）测算资源环境承载力 C_i^+。$C_i^+ = S_i^+ / (S_i^+ + S_i^-)$，其中 $S_i^+ = \alpha D_i^+ + \beta R_i^-$，$S_i^- = \alpha D_i^- + \beta R_i^+$，$D_i^+ = d_i^+ / \max d_i^+$，$D_i^- = d_i^- / \max d_i^-$，$R_i^+ = r_i^+ / \max r_i^+$，$R_i^- = r_i^- / \max r_i^-$，$\alpha$、$\beta$（$\alpha, \beta \in [0, 1]$）反映对评价年度与正、负理想值距离的关注程度，此处取 $\alpha = \beta = 0.5$。

五　资源环境承载力的测算

依据建立的指标体系和评价方法，结合我国2004～2013年的时间序列数据，计算资源环境承载力和各子系统承载力，结果见表2。

表2　我国资源环境承载力和各子系统承载力

年份	支撑系统	保育系统	经济系统	耗散系统	资源环境承载力
2004	0.5039	0.4732	0.5458	0.5473	0.5206
2005	0.5037	0.4463	0.5422	0.5326	0.5099
2006	0.5031	0.4877	0.5593	0.5252	0.5208
2007	0.5038	0.4594	0.5402	0.5123	0.5065
2008	0.4970	0.4782	0.5327	0.5095	0.5060
2009	0.4958	0.5181	0.5281	0.4979	0.5096
2010	0.4803	0.5314	0.4978	0.4819	0.4960
2011	0.4923	0.5257	0.4866	0.4675	0.4922
2012	0.4979	0.5305	0.4823	0.4704	0.4930
2013	0.4983	0.5320	0.4912	0.4825	0.4978
均值	0.5050	0.4732	0.4973	0.5206	0.5027

由表2可见2004～2013年我国资源环境承载力呈以下特点：①从平均情况看，2004～2013年我国资源环境承载力均值为0.5027，其中，支撑系统、保育系统、经济系统和耗散系统均值依次为0.5050、0.4732、0.4973和0.5206；除耗散系统外，其余子系统均值均低于资源环境承载力均值。②从变动趋势看，总体上我国资源环境承载力先降后升，呈"U"形变动趋势，2011年降至最低点0.4922；此后逐渐上升，2013年升至0.4978；各子系统中，除保育系统得分呈波动上升的变动趋势外，

其余子系统均先降后升。③从变动的速度看，资源环境承载力下降快、上升慢；在各子系统中，除保育系统外，其余子系统得分变动速度均为下降快、上升慢。（4）各子系统对资源环境承载力的影响方向是动态变化的。支撑系统2004~2010年对承载力具有负向影响，2011~2013年对承载力具有微弱的正向影响；保育系统2004~2008年对承载力具有负向影响，2009~2013年对承载力具有正向影响；经济系统2004~2010年对承载力具有正向影响，2011~2013年只对承载力具有负向影响；耗散系统2004~2008年对承载力具有正向影响，2009~2013年对承载力具有负向影响。

六 相关建议

目前我国资源环境承载力虽呈改善趋势，但总体仍不乐观。依据前文分析结果，提出以下对策建议。

第一，2004~2010年，环境支撑系统得分一直低于资源环境承载力得分；2011~2013年，环境支撑系统得分只是略高于资源环境承载力。在环境支撑系统中，权重居前三位的分指标是农作物总播种面积、水资源总量和石油储量。建议进一步做好耕地保护工作，提高农作物种植面积，加强水资源的保护和利用，在积极勘探新的石油矿藏的同时做好现有石油资源的合理开采和利用。

第二，2004~2008年，资源环境保育系统虽总体呈上升趋势，但波动幅度较大且一直低于0.5；2009~2013年，保育系统呈平稳上升趋势维持在0.52以上，保育系统总体向好。结合保育系统中各指标权重情况，建议重点增加森林覆盖率、城市绿化面积，提高生活垃圾和污水处理率，稳步提高我国资源环境保护水平。

第三，2004~2013年，资源环境经济系统均值低于资源环境承载力均值，且2011年以后经济系统成为拉低资源环境承载力的重要因素。结合经济系统中各指标权重情况，建议加大城市园林绿化、城市环境基础设施、治理固体废弃物、治理废气、治理废水等方面的投资，增强环境保护和治理力度，减少经济发展对环境的不利影响。

第四，2009~2013年，资源环境耗散系统成为拉低资源环境承载力的主要因素，在各子系统中得分最低。结合耗散系统中各指标权重情况，建议提高经济发展过程中煤炭、石油、水等资源和能源利用效率，降低废气、废水和固体污染物排放量；同时强化资源环境保护宣传教育，使环保观念深入人心，养成节约资源、保护环境的良好生活习惯。

参考文献

祝尔娟、祝辉，2013，《基于多重视角的承载力理论分析与路径选择》，《首都经济贸易大学学报》第5期。

李华姣、安海忠，2013，《国内外资源环境承载力模型和评价方法综述——基于内容分析法》，《中国国土资源经济》第8期。

李岩，2010，《资源与环境综合承载力的实证研究》，《产业与科技论坛》第9期。

毕明，2011，《京津冀城市群资源环境承载力评价研究》，硕士学位论文，中国地质大学。

赵鑫霈，2011，《长三角城市群核心区域资源环境承载力研究》，硕士学位论文，中国地质大学。

吴丹、黄宁生、匡耀求、朱照宇，2014，《加入质量考量的相对资源承载力研究——以广东珠三角为例》，《江西农业学报》第7期。

陈修谦、夏飞，2011，《中部六省资源环境综合承载力动态评价与比较》，《湖南社会科学》第1期。

吴振良，2010，《基于物质流和生态足迹模型的资源环境承载力定量评价研究》，硕士学位论文，中国地质大学。

邬彬，2010，《基于主成分分析法的深圳市资源环境承载力评价》，《2010中国可持续发展论坛2010年专刊（二）》。

孙春华，2013，《内蒙古地级市城市承载力综合评价研究》，《财经理论研究》第5期。

王志伟、耿春香、赵朝成，2010，《开发区资源环境承载力评价方法初探》，《价值工程》第26期。

Study on China's Carrying Capacity of Resources Environment

Lu Xing

Abstract: With the rapid development of economy in China, the growing resources consumption has exerted increasingly serious effects on the resources environment, and as a result, the study on China's carrying capacity of resources environment has become a study hotspot. Based on the resources environment supporting system, conservation system, economic system, and dissipative system, this paper, by using GRA – TOPSIS analysis method, build an evaluation system containing 35 indicators to analyze the resources environment carrying capacity in China from 2004 to 2013. The study found that China's resources environment carrying capacity demonstrates a "U" type change trend overall, which bottomed out in 2011 and gradually rose after that, though still at a low level. The paper suggests that China should improve the resources environment carrying capacity by promoting utilization, saving energy and reducing emission, reducing pollution, and enhancing environmental protection.

Keywords: Resources Environment, Carrying Capacity, GRA – TOPSIS Analysis Model

（责任编辑：丁阿丽）

《智库评论》约稿函

社会科学文献出版社是专业学术出版机构，始终坚持"创社科经典，出传世文献"的出版理念和"权威、前沿、原创"的产品定位，积累了丰富的编辑出版学术作品、智库产品的经验，并依托社会科学文献出版社皮书研究院、社会科学文献出版社博士后科研工作站，着力打造研究型出版机构。《智库评论》是社会科学文献出版社创办的以智库为基本研究范畴，按照期刊运营方式管理的学术集刊。

《智库评论》每年出版春秋两辑，出版时间为每年的5月和10月，春季卷截稿日期为3月31日，秋季卷截稿日期为8月30日，设立"中国特色智库研究""智库研究方法""学术争鸣""智库历史""智库动态""外国智库研究""智库观点"等栏目。文稿一般以0.5万～2万字为宜。

本刊坚持赐稿的唯一性，作者向本刊投稿视为承诺文稿为原创首发，未一稿多投。所投文稿视为专有许可（注明非专有许可的除外）。如经我社许可在其他出版物上发表或转载，应注明"《智库评论》首发"。文稿一经刊用，将按每千字人民币100元～300元标准（视稿件具体情况而定），按出版字数支付稿酬。

本刊采用三级匿名审稿制度，确保论文的学术质量、前沿性和规范性。本刊杜绝学术不端行为，作者文责自负。文稿要件包括中英文标题、中英文摘要、中英文关键词、正文、参考文献等。参考文献、英文标题、英文摘要及关键词按顺序置于正文之后。本刊有权对来稿作文字性修改。

为促进学术成果交流，扩大作者研究成果传播范围，提高传播效率，本刊公开发表的作品，将在社会科学文献出版社关联产品或网站予以发布。如果作者不同意此做法，请在来稿时向本刊声明。本刊所发表文章的观点仅代表作者个人观点，不代表本刊立场。本函最终解释权归《智库评论》编辑部所有。

热诚欢迎海内外致力于智库研究的专家学者赐稿交流！来稿仅接收 WORD 版电子稿，请将文稿发送至 zkpl@ ssap. cn。因经费与人力有限，来稿不退，作者投稿一个月内未收到评审意见，可自行处理。

来稿请注明作者的详细联系方式和简历（包括性别、出生年月、学历、职务职称、研究课题/方向、研究成果等）。

社会科学文献出版社皮书研究院
《智库评论》编辑部

如有其他问题，可通过以下方式联系我们。

联系人：陈青；蔡继辉

电话：010 - 59366421；010 - 59367026

地址：北京市西城区北三环中路甲 29 号院华龙大厦 A 座
　　　13 层 1301 室《智库评论》编辑部

邮编：100029

图书在版编目(CIP)数据

智库评论. 第1辑 / 谢曙光主编. —北京:社会科学文献出版社,2015.11

ISBN 978 - 7 - 5097 - 7809 - 8

Ⅰ.①智… Ⅱ.①谢… Ⅲ.①咨询机构 - 文集 Ⅳ.①C932 - 53

中国版本图书馆 CIP 数据核字(2015)第 159099 号

智库评论(第1辑)

主　　编 / 谢曙光
副 主 编 / 蔡继辉　史晓琳

出 版 人 / 谢寿光
项目统筹 / 吴　丹
责任编辑 / 陈　青　史晓琳

出　　版 / 社会科学文献出版社·皮书研究院编辑部(010)59367142
　　　　　 地址:北京市北三环中路甲29号院华龙大厦　邮编:100029
　　　　　 网址:www.ssap.com.cn
发　　行 / 市场营销中心(010)59367081　59367090
　　　　　 读者服务中心(010)59367028
印　　装 / 三河市尚艺印装有限公司

规　　格 / 开　本:787mm × 1092mm　1/16
　　　　　 印　张:12.75　字　数:180千字
版　　次 / 2015年11月第1版　2015年11月第1次印刷
书　　号 / ISBN 978 - 7 - 5097 - 7809 - 8
定　　价 / 69.00元

本书如有破损、缺页、装订错误,请与本社读者服务中心联系更换

▲ 版权所有 翻印必究